U0676060

安迪·格鲁夫传

赵淑涛◎著

时代文艺出版社

图书在版编目（CIP）数据

安迪·格鲁夫传/赵淑涛著. —长春：时代文艺出版社，2015.12（2023.7重印）
（世界商业名人传记丛书）

ISBN 978-7-5387-4836-9

Ⅰ.①安… Ⅱ.①赵… Ⅲ.①格鲁夫，A.－传记 Ⅳ.①K837.125.38

中国版本图书馆CIP数据核字（2015）第210425号

出 品 人 陈 琛
责任编辑 李贺来
助理编辑 孙英起
装帧设计 孙 利
排版制作 隋淑凤

本书著作权、版式和装帧设计受国际版权公约和中华人民共和国著作权法保护
本书所有文字、图片和示意图等专有使用权为时代文艺出版社所有
未事先获得时代文艺出版社许可
本书的任何部分不得以图表、电子、影印、缩拍、录音和其他任何手段
进行复制和转载，违者必究

安迪·格鲁夫传

赵淑涛 著

出版发行 / 时代文艺出版社
地址 / 长春市福祉大路5788号 龙腾国际大厦A座15层 邮编 / 130118
总编办 / 0431-81629751 发行部 / 0431-81629755
官方微博 / weibo.com / tlapress 天猫旗舰店 / sdwycbsgf.tmall.com
印刷 / 北京市一鑫印务有限公司
开本 / 710mm×1000mm 1/16 字数 / 144千字 印张 / 12
版次 / 2015年12月第1版 印次 / 2023年7月第3次印刷 定价 / 36.00元

图书如有印装错误 请寄回印厂调换

目录

安迪·格鲁夫是美国最令人尊敬的、最有影响力的企业家。他曾经是英特尔公司的掌门人，制造电脑行业"游戏规则"的商业领袖。

他，曾被称为"最严厉的老板"。这不仅是因为他设立的"迟到签名表"，更是因为他的批评指责从来都直来直去，绝不因对方的性别、地位而有所改变。

他，是英特尔公司知人善用的"伯乐"。在他的任命下达之前，被青睐的那些人甚至从来都没有想过，自己原来也可以如此优秀，也可以脱离平凡，成为电脑行业耀眼的一颗星。

他，是果断睿智足以载入史册的"英明掌舵人"。当日本厂商来势汹汹、势不可当时，是他果断地放弃，才让英特尔成功地从存储器领域中走了出来，从而拥有了站在电脑行业顶峰的机会。

除了在商界的这些传奇，安迪·格鲁夫还发表了一些文章和作品。除了在著名杂志《财富》上发表过的一篇描述自己与前列腺癌症抗争的经历，还有一部很著名的自传《游向彼岸》，在该书中他详细地描绘了人生前20年的波折生活。这部自传除了有商业价值，还具有众多商界书籍中鲜有的文学价值。

究竟是什么与众不同之处造就了他如此卓绝的才能和成果呢？究竟是什么样的经历让这位屹立在世界之巅的巨人既暴躁易怒，又能够迅速冷静、统筹全局呢？

格鲁夫事业的巨大成功背后是他艰难却从不退缩的"长途跋涉"。当纳粹横行时，身为一名犹太人，他的童年又有着怎样的故事呢？在那个战火纷飞的年代，他有没有参与反抗的战争呢？他又是如何从匈牙利逃到美国的呢？是什么样的经历养成了他坚毅、不屈的性格？

格鲁夫虽然已经离开了英特尔，但他前进的脚步从未停止。他仍然致力于改革，对于那些他认为必须要改革的事物，他兴致勃勃。他仍然拥有强大的力量，从来都是精明的实干家。

本书精彩地呈现了"生命不息，战斗不止"的坚忍顽强的格鲁夫跌宕起伏的一生。

第一章　与病痛嬉戏的男孩

1. 定居布达佩斯

1936年9月2日，在匈牙利布达佩斯的一家医院里，随着一阵儿响亮的婴儿啼哭声，安迪·格鲁夫来到了这个世界。看着这个"哇哇"啼哭的婴儿，安迪·格鲁夫的父母非常兴奋，但是由于安迪·格鲁夫的父亲工作很忙，他们一家在医院待了几天之后，就一起回到了巴乔尔马什。

巴乔尔马什位于布达佩斯以南约100英里的地方，是一个离南斯拉夫边境很近的小城镇。安迪父亲的名字是乔治·格鲁夫，不过大家更喜欢叫他的昵称——"居尔卡"。

20世纪30年代初，居尔卡和几个朋友在巴乔尔马什共同经营着一家中型乳制品厂。他们每天的工作就是：收购鲜奶，对鲜奶进行加工，将它们做成松软干酪、酸奶酪和黄油等乳制品，然后他们需要把这些乳制品推销给布达佩斯的各家商店。

居尔卡主要负责开拓乳制品的市场，将乳制品厂的食品推销出去，充满热情又诚信有加的居尔卡在轻轻松松的谈话中就可以获得别人的认可。所有跟他打过交道的人都说，他是一个实实在在的商人，而且他总是精力充沛，雷厉风行，办事从来不会拖泥带水。

因为这份工作，居尔卡需要经常去布达佩斯的各个商店。有一天，当居尔卡去一家商店推销乳制品时，他遇到了玛利亚，一个有些腼腆而又举止文雅的女孩。那一刻，居尔卡相信了，原来这世界上真的有一见钟情这回事。那天，他们在一起不仅谈生意，也聊了很多其他东西，在聊天过程中，玛利亚也对这个充满活力、对什么都好奇的帅小伙产生了好感。

从那天开始，居尔卡经常找各种理由来看玛利亚，也时常约她出去玩。随着他们交往的深入，居尔卡和玛利亚知道了原来对方也是犹太人，而这个发现也让他们之间的关系更加亲密了。

1932年，在两人交往一年之后，玛利亚答应了居尔卡的求婚，而后他们在巴乔尔马什举行了盛大的婚礼。

婚后，玛利亚发现，原来巴乔尔马什是如此贫穷与落后的一个小镇。居住的房子是泥地面，而且室内没有卫生间，上厕所需要跑到室外去。最让玛利亚感到无法接受的是，即使是这样简陋的居住条件，他们还必须同别人分享，居卡尔的亲戚和合伙人也共同居住在这套房子内。

玛利亚非常不喜欢这样的公共生活，她早已习惯了拥有自己的私人空间，而现在她觉得仿佛将自己的一切都放在了别人的眼皮底下。新婚之后，一切开始步入正轨，生活也趋于平淡居尔卡每天忙于工作，对玛利亚而言，这里的一切都是那么的陌生。没有了以前规律的生活，没有了以前熟悉的朋友，玛利亚开始想念城市的音乐会，想念城市的歌剧，但是，她暂时找不到做那些事的机会了。

终于有一天，玛利亚又重新回到了布达佩斯。那时候安迪·格鲁夫即将出生，因为布达佩斯有更好的医疗条件，所以居尔卡带着玛利亚暂时住到了布达佩斯。安迪出生后，玛丽亚不想再回到巴乔尔马什，她想留在布达佩斯，但最终她还是被居尔卡说服了。于是，他们带着刚出生不久的安迪回到了巴乔尔马什。居尔卡明白，玛利亚仍然渴望居住在布达佩斯。于是，居尔卡在心底暗暗发誓：一定要满足玛利亚的这个愿望。

1938年，在安迪两岁的时候，居尔卡终于实现了自己那从未说出口的誓言，他带着玛利亚和安迪将家搬到了布达佩斯。那时候，城市里乳制品的消费者越来越多，为了给这些消费者提供更方便的服务，居卡尔和朋友们商量之后，决定在布达佩斯建一个乳制品厂的分支机构，由他和另外几个朋友负责。他们一家三口就这样在布达佩斯定居了，他们住在基拉伊大街的一幢公寓大楼里，距乳制品厂仅有几个街区。

基拉伊大街很繁华，位于多瑙河的东部，它连接起了这一侧的中央环形大街和远处的大型城市公园。街道中央还设有一条有轨电车路线。不过这条街并不是特别吵闹，而且还时常发生很多有趣的事情。

安迪家在二楼，有一大一小两个房间，两个房间都朝街。其实大房间和小房间长度一样，只不过大房间比小房间多了一扇窗户。窗户很高也很窄，是从中间打开的，就像门一样，不过好在窗台齐腰高，可以防止人掉下去。

安迪的外祖母和外祖父住在小房间，安迪和父母住在大房间。大房间有个门是开向走廊的，顺着走廊的方向，在快到楼梯口的地方，一侧通向厨房，另一侧通向一间小屋，这间小屋是给女仆——吉齐住的。吉齐每天的工作就是做饭、打扫房间、买东西和照顾小安迪。她和她的丈夫——一个姓欣科的男人，就挤在那间小屋里。

安迪家的公寓经常会有客人来，这些客人大多是父亲的朋友和商业合作人。当时，电话还没有普及，所以人们经常去拜访朋友。他们总是突然来访，然后坐下来交谈几个小时，安迪总以为，大人们有永远也聊不完的话题，因为，即使是说再见的时候，他们也可以站在门口，仿佛还要继续交谈下去。

安迪的舅舅约西也会经常过来，他是一个身体强壮、肌肉发达，但是头发却很少的风趣小伙。大家很少谈论他是做什么工作的，但是所有人都可以感觉到他的热情和快乐。

约西的双胞胎兄弟米克洛什却不是这样，他们在外表和性格方面差别都很大。米克洛什就像随身携带了一片乌云似的，即使在家里，他也和任何人都合不来。有一次，他甚至和他的母亲，也就是安迪的外祖母，吵了起来。安迪的父亲过去劝他，结果他们两人又吵了起来。从那以后，大家都很少看见他。

在经常到安迪家的客人中，亚尼是居尔卡最好的朋友之一，同时，他也是乳制品厂的合伙人之一。亚尼曾经是匈牙利军队的军官，他个头很高，腰板总是笔直，嗓门也很大，浑身上下都散发着自信和活力。重要的是，他不是犹太人。

安迪很喜欢的另外一个客人姓罗马茨。罗马茨很瘦，而且满脸皱纹，他是乳制品厂布达佩斯分厂的负责人之一。安迪很享受和罗马茨的谈话，因为罗马茨总会让他感到他们之间是平等的。而且，他也不是犹太人。

那时宗教身份对安迪一家来说似乎并没有什么作用，他们的客人有的是犹太人，有的不是。但即使不是犹太人的客人看起来也并没有什么不同，大家都相处得很愉快。

居尔卡的朋友同玛利亚也都很聊得来，有些时候，即使居尔卡不在，他们也会进来和玛利亚聊会儿天。对他们而言，玛利亚更像一位姐姐，他们在感情方面的问题都会咨询她，而玛利亚每次都会给他们中肯的意见。

夏天的夜晚，安迪的父母会带着安迪去散步，一家三口，其乐融融。

2. 可怕的猩红热

　　时间悄然而逝，眨眼间，安迪已经4岁了。这一年，他最深的记忆，却是在医院的时光。因为他生病了，得的是猩红热。

　　安迪对自己是如何得病的以及被送到医院的过程都没有了印象，他只记得，那一年他独自躺在一间几乎布满白色的房间内，而且安迪还发现当自己挪动时，手臂和脑袋都非常疼。

　　后来，安迪问妈妈："妈妈，当时我躺在病床上被绷带包扎起来的样子，是不是很像传说中的木乃伊啊？"

　　玛利亚笑着回答安迪："是啊，那个时候你可把妈妈给吓坏了，大家手忙脚乱地将你送到医院，然后医院就将你单独安置到了一个房间里，连爸爸妈妈都不允许进去陪你。"

　　安迪又向妈妈问道："妈妈，那个时候你有没有想过我会死？当我醒来的时候，周围没有一个人，我只能看到窗外阴沉沉的天空。那个时候，我还以为我已经被你们埋进了坟墓呢。妈妈，那个时候，我非常难过，我害怕从此再也见不到你和爸爸了。"说着说着，安迪的眼睛红了。

　　母亲一把将安迪抱进怀里，"其实爸爸妈妈也舍不得安迪一个人待在病房里啊，只是那个时候，医生说安迪的病情非常严重，不能见爸爸妈妈，否则情绪波动，就更加不容易治疗了呢。所以，爸爸妈妈才会暗暗关注着安迪，没有在安迪醒来时出现在安迪面前。安迪还在生爸爸妈妈的气吗？"

安迪笑了："我没有生爸爸妈妈的气，现在能和爸爸妈妈在一起，我觉得好幸福啊。"

玛利亚没有说话，她想起了安迪的医生罗特巴特说过的话："安迪的猩红热差不多已经好了，但是这次严重的病情将影响安迪的听力。我会尽力去医治，但是你们还是要有心理准备。"

罗特巴特医生非常和善，当安迪第一次见到他时，安迪就发现，罗特巴特医生的前额有一个痘痕。看到安迪盯着自己的痘痕，罗特巴特解释说，这是他小时候不小心划伤留下的。而罗特巴特医生并不知道，安迪虽然对他前额上的那个痘痕非常好奇，但是让安迪对罗特巴特医生产生好感的却是他的解释。通过他的解释，安迪知道了罗特巴特医生竟然也曾经像自己一样大。也正是因为这一点，安迪立刻就喜欢上了罗特巴特医生。

安迪静静地躺在床上，看着罗特巴特医生在床边坐下来，然后拿起自己的手，双唇轻轻地动着，安迪知道，罗特巴特医生是在数自己的脉搏。但是看着他那一张一合的双唇，安迪还是觉得非常好笑。

在此后的几周内，罗特巴特医生成了安迪最常见的人。有时，罗特巴特医生会扶着安迪坐在床上，这样安迪就可以看到窗外院子里高高矮矮的树丛。每当这时，安迪都非常开心，因为，只有这个时刻他才可以不用看着那一成不变的天空和那白茫茫的屋顶。

当然，罗特巴特医生也会有不守信用的时候。安迪头上的绷带需要经常更换，而每次更换的时候都很疼。所以，每次罗特巴特医生为安迪更换绷带的时候，安迪总是苦苦哀求："求求您，请您小心一些，千万不要弄疼我。"虽然每次罗特巴特医生都很爽快地答应，但是更换绷带时安迪还是感觉很疼。

在医院住的日子久了，安迪很想母亲。有一天，护士将他抱到一个轮椅上，推着他到院子里去晒太阳。突然，安迪发现在院子的一簇树丛后面有个背影非常熟悉，凭感觉，安迪知道，那个人肯定就是自己的母亲。于是，安迪大声喊起来："妈妈，妈妈！"但是，那个背影却突然走开了。安迪以为母亲没有听到，便更加大声地喊了起来，他的叫喊没有喊来母亲，却引来了一群护士。她们急匆匆地将安迪推回了屋子，然后安慰他，希望他可以平静下来，但是，安迪对母亲的思念却让他根本无法平静。

第二天，安迪终于见到了思念已久的母亲。玛利亚告诉他，昨天那个背影确实是她，她也很想念安迪，所以偷偷过来看他，没想到竟然被他发现了。因为医生说安迪不宜激动，否则会对心脏不好，所以，她才没敢出来见他。安迪虽然为昨天没见到母亲感到委屈，但是他更加在意的是现在终于又可以和母亲在一起了。安迪要求母亲每天都来医院陪自己，玛利亚答应了。

从那以后，母亲每天都会来医院陪安迪。而且她总是带着吉卜林的《丛林故事》来，然后坐到安迪的床边，给他读着一个个的故事。不读故事的时候，她就教安迪如何看时间，之后，她还送给安迪一块小手表。当母亲回家的时候，安迪就一次一次地练习看时间，并且向周围的医生和护士炫耀着自己的新知识。

终于有一天，两位护士来到安迪的房间，高兴地对他说："安迪，你今天就可以回家了。"然后，她们抱着欣喜若狂的安迪去浴室洗澡。洗完澡之后，安迪见到了等待已久的父母。

见到父母，安迪很激动，然而，他更在意的是另外一件事："爸爸妈妈，难道你们不应该给一个康复的孩子一些鲜花吗？"玛利亚这才想起，赶紧出去带了一束白色百合花回来，安迪这才高高兴兴地跟随他们回了家。

虽然离开了医院，但是安迪的身体并没有完全康复。母亲解释说，这是因为他的心脏在患病期间受到损害，而且，猩红热使安迪的耳朵受到感染，虽然已经进行了手术，但是安迪不得不接受在医院住了六个星期之后，在家里仍必须待在床上九个月的安排。安迪并不在意九个月的时间有多久，他只是单纯地为自己又可以在熟悉的环境和亲爱的家人在一起而高兴不已。

几个月以后，安迪终于获得每天可以下床几个小时的权利，虽然只能待在家里或者附近，但是安迪已经很满足了。

后来有一天，罗特巴特医生来到了安迪家。他高兴地告诉安迪，安迪的病已经好了，他是来帮助安迪解下头上的绷带的。也就是说安迪以后不用再忍受更换绷带的痛苦了。但是，安迪很快就发现，罗特巴特医生又一次骗了自己。因为罗特巴特医生解下安迪头上的绷带之后，又用黏性绷带为安迪包扎上耳朵后的伤口。尤其让安迪觉得不能忍受的是，清理伤口和换绷带一样都非常疼。

头上的绷带拆下来后，安迪发现自己仍然无法像以前那样听清东西，因此跟他说话的人需要大声地喊。

"可怕的猩红热损伤了我的听力。"安迪常常这样想。

3. 父亲入伍 外祖父去世

1941年，不知不觉中安迪已经5岁了。这一年，居尔卡接到了参军的召集令。不过，他的任务并不是参加战斗，而是跟随着劳动大队，在战斗主力需要的时候去清理道路以及修建防御工事。

居尔卡以前也曾参加过部队的劳动大队，每次都可以在几天或者几周之内回家。然而，这次，即使是不懂事的安迪都已经看出，父亲脸上的笑容显得非常的不自然，而母亲也没有了往日的从容。从客人的谈论中，安迪才知道，父亲即将加入的劳动大队将奔赴前线，短期内根本不可能回来。

居尔卡去劳动大队报到了，他们将集体出发奔赴前线。他说这样挺好的，他可以在出发之前认识很多的朋友。居尔卡喜欢交朋友，喜欢和大家一起开开心心地聊天，他觉得这样的生命才有意义。

居尔卡所在的劳动大队将从大克勒什出发，安迪母亲决定带着安迪前去送他。于是，他们乘火车去往距布达佩斯约60英里的大克勒什。还好，当他们急匆匆赶到的时候，安迪父亲乘坐的火车正准备出发，他们还来得及告别。

劳动大队乘坐的是那种车厢没顶、两侧齐腰高的敞篷式运货车厢。当安迪见到父亲的时候，他忽然发现，父亲已经没有了刚刚接到入伍通知书时的沮丧，而是显得很兴奋。父亲带着安迪在各个车厢内溜达，还告诉安迪，在这短短的时间内，他已经认识了同一个大队的好多人，而且他还有一个表兄弟在这里做厨师。安迪突然觉得，他们不像是要去前线，反而更像是要集体外出野营。

那天，送别的人很多。大家都穿着普通的衣服，看上去跟往常的生活没什么两样。如果实在要说有什么区别的话，那就是人群中多了许多穿着不合身军装的士兵。他们手里拿着步枪，跟周围的劳工们散乱地混在一起。他们的任务是负责看管劳工，但是他们并不严厉，甚至有几个士兵帮助安迪爬上车厢，在那里荡秋千。安迪觉得，这些士兵看起来更像邋遢的工人。只是他们身上的军装和手里的步枪提醒着人们：他们即将开赴前线，这是送别的车站，而且很有可能就是永别。

在人们的不舍中，上车的时间到了，安迪的母亲仍然在跟安迪的父亲做最后的告别。终于，汽笛声响起，火车慢慢地离开了车站。安迪紧紧地盯着父亲的身影，眼睛开始湿润了，然后他看见父亲用手指拉开嘴，做着大笑的鬼脸，慢慢地消失在眼前。安迪最终还是没有忍住哭出声来。

父亲走了，不知道什么时候才会回来。安迪静静地跟在同样沉默的母亲身后，他们还需要坐几个小时的火车才能到家。然而，这几个小时内，安迪的母亲一直在沉默，一句话也没说。安迪突然觉得，虽然母亲没有流泪，但是她肯定非常伤心。小小的安迪不知道如何去安慰母亲，他只好紧紧地握着母亲的手，希望这样可以让她舒服一些。

然而，噩运似乎仍然停留在这个不幸的家庭，安迪和母亲并不知道家里竟然发生了更糟糕的事情。

当安迪和母亲回到家时，他们才得知，安迪的外祖父生病已经被送到了医院。于是，他们又马不停蹄地赶过去看望外祖父。到了医院后，安迪发现，外祖父躺在病床上，双眼紧紧地闭着，一个冰袋放在他的前额上给他降温。外祖父好像知道了安迪和玛利亚来看他，嘴里一直在不停地嘀咕着什么，可惜安迪一个字也没有听清楚。安迪很难过，这个躺在床上都无法看自己一眼的老人，还是那个疼爱自己，陪自己玩游戏，哄自己开心的外祖父吗？

回家的路上，母亲告诉安迪，外祖父是得了中风。安迪不知道中风是什么病，他只是期盼着外祖父可以早日康复，然后陪自己玩游戏。可安迪没想到的是，几天后，母亲竟然告诉他，外祖父去世了。

外祖父的去世让安迪很伤心，因为外祖父是他最好的玩伴。安迪得了猩红热在家里床上休养的日子里，是他一次次地陪着安迪做游戏。而且外祖父总是有着极大的耐心和兴趣，即使每天他们玩的都是同一个游戏，他也会表现得就跟第一次玩似的兴奋。

扮演电车售票员是安迪最喜欢的游戏，而外祖父只好每次都扮演乘客。他会礼貌地跟安迪问好，然后将车票递给安迪。安迪就会认真地给车票打孔，当然，安迪一直认为自己的玩具打孔机是真正的打孔机。

有时候，他们也会玩理发师游戏。安迪是理发师，外祖父是顾客。外祖父会认真地同安迪交谈，告诉安迪，他想要的发型是什么样子，并请安迪理发的时候一定小心些，他不想在理发的时候被弄疼了。外祖父总是如此认真，以致有一次，安迪竟真的给他理了发。

但是，现在这些都成了回忆，以后再也不会有人这么认真地陪安迪玩售票的游戏，也不会有人认真地同安迪玩理发的游戏了。安迪多么希望，外祖父可以睁开眼睛，他甚至可以让外祖父扮演售票员，可以让外祖父当理发师。可是，外祖父已经永远地闭上眼睛，再也听不到安迪的呼唤了。

外祖父虽然走了，但是他认真对待每一件事，还有对每一件事都抱有极大兴趣的态度深深地影响了安迪。不知不觉中，安迪也开始认真地对待每一件事，也开始去以极大的兴趣参与即将面临的事情。

短短几天的时间里，父亲走了，外祖父也去世了，家里像是突然就空了似的。冷冷清清的屋子让安迪一下子就记住了这种感觉，母亲告诉他，这就是离别。

4. 幼儿园的犹太居民区

时间一点点地过去，生活又重新恢复了平静。亚尼和罗马茨仍然会不时来到安迪家同玛利亚聊天。而且，安迪家的访客突然间比原来还要多，这些访客基本都是居尔卡在劳动大队里队友的妻子。

这些因为丈夫离去而走到一起的女人们常常在安迪家的大房间里聊天、喝酒、吸烟。每次安迪同她们礼貌地打完招呼后，便再也没人理睬他了。于是，安迪只好一个人去小房间的一角玩耍，每当这个时候，安迪总是会想起外祖父，会想起乐观开朗的约西舅舅。外祖父已经去世后，约西舅舅也被征募到一个劳动大队去了前线。虽然外面的大房间里非常热闹，但是安迪仍然感到很孤单。

女人们常常会在安迪家待很久，直到很晚的时候才会离开。而她们每次离开的时候，安迪家都早已是烟雾弥漫了。虽然以前来的客人也会吸烟，但是安迪从不记得家里有过这么多烟雾的时候，而且现在大家之间也没了那种轻松与活泼的气氛，好像每个人都忧心忡忡，有着一肚子的心事似的。

而让安迪感到不安的是，他注意到母亲也开始吸好多的烟、喝好多的酒。而且，在那些女人们离开之后，她会继续待在昏暗的大房间里吸烟、喝酒。安迪静静地看着母亲，他有一种感觉，仿佛母亲的思想已经跑到了另外的一个地方。安迪知道母亲一定是又思念起了父亲。

父亲离开后，就没有给家里写过信。后来，在安迪6岁那年早春的时候，母亲收到一份来自官方的信，信上说居尔卡"不见"了。

此后，玛利亚更加频繁地待在大房间一个人吸烟、喝酒，看上去是那么的悲伤和难过。安迪不明白，人怎么会消失呢。接着他又会想，消失了难道不比被发现死了更好吗？但是这些问题他不敢去问母亲，只好一个人慢慢地思考。

还有一件事情也强烈地引起了安迪的好奇心。来的客人都会吸烟，所以安迪的家里总是弥漫着香烟的气息。虽然安迪很讨厌这烟味，但是他觉得吸烟好像是件很好玩的事情。于是，有一天，当安迪看到只有母亲和亚尼在一起吸烟闲聊的时候，他就悄悄地走过去，恳求他们让自己试一试吸烟的感觉。最终，安迪的母亲同意了安迪的请求，决定让他试一试。

安迪非常兴奋，他从母亲手里取下香烟，小心翼翼地放进嘴边吸了一口，他立刻就后悔了，因为他感到胃里开始翻江倒海。安迪一把扔下香烟，以最快的速度冲到浴室，然后在厕所狂吐。当安迪走出浴室，来到大房间的时候，他看到亚尼和母亲脸上一副果然如此的表情。他们问安迪是不是想再来一口，他直接拒绝了。"简直开玩笑，我再也不要吸烟了。"安迪在心里暗暗下了决心。

有一次，当玛利亚和那些女人们在一起聊天的时候，安迪无意间听到一句让他感觉莫名其妙的话——他们要把犹太人放到一个犹太居民区。安迪不懂这是什么意思，他也不知道什么是犹太居民区，但是出于莫名的兴趣，他牢牢地记住了这句话和这个词，并依此设计了一个游戏。

那时候每天上午，安迪都要到小区的幼儿园去。幼儿园里的学生和老师都是犹太人，安迪所在的班级有十几个孩子。在这些孩子中，安迪是最有想法的一个。

有一天，安迪想起了自己牢牢记着的那句话，还有那个自己怎么也理解不了的词。于是，他根据这个设计了一个游戏：他把幼儿园的桌椅拉到墙边，围出一块空地来，然后宣布，这块空地就是犹太居民区，所有的犹太人都应该生活在里面。他要伙伴们跟着他一起唱："把犹太人放到犹太居民区，把犹太人放到犹太居民区……"

他们唱着歌，把其他小孩强行推进了那个封闭的空间。后来，大家都开始玩这个游戏，而且这歌很快就被大家学会了。于是，大家一起唱着歌玩这个游戏。幼儿园的老师听到歌声之后，大喊着，希望可以让大家停下来。但是很明显，她的喊声起到了相反的作用，她越阻止，小孩们的歌声就越大。最后，她只好静静地看着这些孩子，无奈地耸耸肩，任凭他们去疯。

这个新游戏受到了一群小孩前所未有的欢迎，以至于接下来的几周内，大家会一遍又一遍地玩这个游戏。

幼儿园里另一个经常玩的游戏就是用积木拼图案。但即使是这个小孩们都喜欢的游戏，安迪也会玩得与众不同。他很少会拼出和其他小孩一样的图案，他总是跟着自己的想法走，然后拼出自己喜欢的图案。

聪明活泼的安迪也有害怕的时候，就像所有的小孩子一样，他害怕一个人在陌生的地方待着。

那时候，玛利亚和亚尼经常带着安迪去野餐。当他们选好地点，开始聊天的时候，安迪就会兴奋地四处乱跑。他总是带着自己的那个小饮水杯，这个小饮水杯是用金属做的，由几个直径不同的同心金属环构成。当金属环被拉起来的时候，它就是一个饮水杯，当不用的时候又可以叠成一个金属环。安迪为拥有这个金属杯而自豪，所以每次野餐的时候，他都喜欢带着金属杯去装泉水。

然而，有一次，当安迪用金属杯灌满泉水走回去后，没有见到母亲和亚尼。安迪一下子就慌了，他开始向不同的方向乱跑，希望可以找到母亲或者亚尼。安迪跑啊跑，直到后来他发现自己竟然迷路了，以至于无法回到原来的地方。于是，他更加害怕了。他只觉得周围的一切都是那么恐怖，就连那些树木、草丛都显得那么冷漠。他越跑越快，不停地四处找，直到自己筋疲力尽了才停下哭喊起来。

好多陌生人都尝试着过来安慰这个惊慌的小男孩，但是，安迪的心已经被恐惧牢牢地抓住，他听不进任何人的劝告，只是大声地哭喊。后来，安迪的母亲和亚尼终于找到了安迪，他紧紧地抱着母亲的腿大声哭起来，过了好长时间才平静下来。从那以后，他再也不愿意一个人去陌生的地方了。

5. 又一次住院

安迪家附近有一家馅饼店，夏天的时候这里也卖冰激凌。所以每到夏天，安迪总会拉着母亲去吃冰激凌。对他来说，有一勺冰激凌这一天就很开心了。

然而，这种待遇在安迪6岁那年夏天的时候被迫停止了。当时，安迪只是觉得自己的喉咙很疼，很难受，罗特巴特医生检查后，说安迪的扁桃体需要摘除。于是，安迪只好又一次住进了医院。

虽然上一次住院时频繁地更换绷带让安迪很疼也很怕，但是这一次，安迪并没有非常惊慌。因为母亲已经答应了他，等他这次康复后，就带他去吃好多的冰激凌。为了冰激凌，而且喉咙确实非常难受，安迪只好乖乖地跟着母亲走进了医院。

虽然安迪听母亲说要做手术时非常害怕，但是，当安迪躺在床上，医生开始给他做手术时，安迪并没有感到疼痛。当手术即将结束时，他忽然瞥见医生的手套上沾满了鲜血。安迪吓得紧紧地闭着双眼，如果嘴不是被一个金属架撑着的话，他肯定也会紧紧地闭上嘴巴的。

在那之后的几天里，安迪和母亲都住在医院。母亲在安迪的床边铺了个垫子，每天她就在垫子上休息。等安迪身体好了之后，他们才离开医院。母亲也兑现了她的诺言，无论安迪想要多少冰激凌，她都会去买。但是，安迪很快就发现，冰激凌已经不再像以前那样美味了。

随着年龄的增长，安迪突然觉得，自己好像一直就被病痛纠缠着，从未放手。4岁时耳朵后面的伤口虽然早已痊愈了，但是耳朵里有了小洞，而且不时地会流出些脓水。妈妈很担心，她不知道安迪这是怎么了。后来她听说在布达佩斯郊外有个医生可以为人们检查出各种疾病，而且很准，不过那位医生的诊所有点远，需要换乘两次有轨电车。为了安迪的健康，最终母亲还是决定带着安迪去那位医生的诊所检查一下儿。

那位医生的诊所和安迪以前见过的诊所都不一样。这个诊所位于一个很大、很奇特的花园中间，安迪觉得，这简直就是图画书中的城堡。

走进诊所后，安迪发现，里面摆放着各种各样稀奇古怪的箱子，这些箱子上面都有按钮和金属线，这些都让安迪感到非常惊奇。这位医生并没有过多地检查安迪的耳朵，他只是旋转着那些奇怪箱子的按钮，然后让安迪听着箱子发出的各种声音，再给出相关的信号。

刚开始的时候，安迪觉得这种看病方式非常好玩，就像是在玩某种游戏似的，他兴致勃勃地投入进去。可是没过几分钟，他就感觉到乏味了。但是医生并没有说游戏结束，所以安迪只好继续下去。偶尔安迪会因为走神而错过表达的机会，这个时候他就赶忙再补上，并在心里暗暗祈祷，希望补上的也可以算数。

检查结束后，医生告诉了安迪母亲检查结果。他说，安迪的听力大约已经损坏了百分之五十，应当赶紧治疗，确保以后不再流脓水。他还说，他的强项只是检查疾病，治疗就不是他的特长了。于是，母亲只好带着安迪离开，去寻找一位擅长治疗的医生。

安迪记得，在那段时间里，母亲向每一位朋友请求，请求他们帮助她寻找医术高超的医生。最终，在朋友们的推荐下，玛利亚决定带着安迪去找格尔曼医生。

格尔曼医生的诊所离安迪家也非常远，但是玛利亚还是带着安迪按照朋友们给的地址找了过去。当他们找到格尔曼医生的诊所时，安迪和母亲立即就相信了格尔曼医生有着高超的医术，因为，在他们前面已经有许多人在排队等候了。

安迪走进格尔曼医生的诊所时，发现诊所的墙壁都被涂成了绿色。安迪不解，他向母亲问了这个问题，母亲告诉他："那是因为绿色可以缓解人的紧张情绪，从而让病人情绪稳定下来。"安迪似懂非懂地点点头，坐在排队等候的长椅上，等待着格尔曼医生给自己看病。

格尔曼医生给安迪治病的过程非常简单，而且他的动作非常轻柔，安迪一点儿都没有感到疼。当安迪向母亲说了这些时，母亲向他抱怨道："不过格尔曼医生的诊金实在是太多了，如果咱们多来几次的话，恐怕家里都要没饭吃了。"

虽然母亲常常抱怨，但是她并没有让安迪停止治疗。安迪知道，母亲是爱他的，她希望自己的儿子可以健健康康地成长。

第二章　与母亲相依为命的日子

1. 享受众人瞩目的感觉

　　1943年秋天，安迪上小学了。9月份的时候，安迪刚刚过了7岁生日，所以，他比班里的大多数同学都大一岁。但是，安迪并不在意这个，他只知道，自己可以上学了。

　　安迪即将要去的小学是一家犹太孤儿院创办的，这里的学生主要是孤儿院的孩子和一些像安迪一样的走读生。但是无论是孤儿院的孩子还是走读生，他们都是犹太人，这一点让安迪觉得很安心，尤其是在经历过一场公园风波之后。

　　事情是这样的，以前母亲常常带安迪去城市公园玩。安迪喜欢在乔治·华盛顿雕像附近的沙地上玩，因此，母亲给他买了好多堆沙子的玩具。

　　一天，当安迪带着玩具到了沙地旁边的时候，他发现在自己经常玩的地方站着一个小女孩。虽然安迪并不认识这个小女孩，但他还是拿出自己的玩具邀请小女孩一起玩。他们一起用玩具堆起城堡，然后又忙着堆建其他建筑。然而，正当安迪专注于手中的建筑时，那名可爱的小女孩突然停止了手中的动作。安迪抬起头才发现，原来她用沙子堆了一个十字架，小女孩对着十字架说道："耶稣是被犹太人给出卖的，犹太人罪不容赦，都应当被杀死。"听到这话后，安迪被吓呆了，他转身就向母亲跑去。

　　当时玛利亚正一个人坐在附近的长椅上休息，安迪跳着跑到她的面前，结结巴巴地喊出那小女孩说的话。母亲一把搂住安迪，然后轻轻地说："我们该回家了。"说完就走过去捡起安迪的玩具，带着安迪回家了。

从那以后，母亲再也不带安迪去那个城市公园玩了。当安迪准备上学的时候，她跑了好几所学校，最后才选中了这家所有人都是犹太人的学校。

安迪入学后的老师是玛格达阿姨，她有着红色的头发，为人很亲切。玛利亚向玛格达阿姨说过安迪的耳朵出了些问题，听力不好，所以玛格达阿姨将第一排的座位留给了安迪。这样，安迪就能够听得清清楚楚了。而这个安排也让安迪感到非常高兴，因为他喜欢得到别人关注的目光。当坐在第一排的时候，安迪觉得，玛格达阿姨在跟自己一个人说话，这会让安迪有种被重视的感觉。

除此之外，安迪还感觉到，小学比幼儿园要严格多了。在小学里，老师规定：当学生们不参与课堂活动的时候，他们需要坐直身体，并且将两手交叉背在腰后。但是，安迪和他的同学们经常用手垫着椅子的靠背，然后将自己的后背靠在椅子上。这样虽然很舒服，但是他们常常担心会被老师发现，所以不时地偷偷看一下老师，以确定自己是不是被发现了。

安迪在课堂上表现得非常积极，他总是第一个举手，请求回答老师的问题。而老师似乎也特别青睐他，常常会点他的名字。最重要的是，每次安迪的回答都是正确的，这也让老师越来越喜欢安迪，甚至允许他不需要坚持那种不舒服的坐姿。

每当课间休息的时候，大家都会相互追逐着玩耍，让别人钻进自己的外套。安迪特别喜欢追着一个叫阿尼克的女孩玩。每次游戏开始后，安迪便飞快地向阿尼克跑过去，第一个抓住阿尼克的外套，然后等着阿尼克帮助自己钻进去。渐渐地，安迪和阿尼克之间也越来越熟悉，经常单独玩耍。

有一次，安迪发现已经好几天没有看见阿尼克了，问过老师之后，他才知道，原来阿尼克生病了。回家后，安迪就央求母亲带着自己去阿尼克家看望她，母亲同意了。

当躺在床上的阿尼克看见安迪后，她高兴极了，一把掀开被子就从床上跳了下来。她像个猴子似的，紧紧地抱着安迪。看到阿尼克这么高兴，安迪也"呵呵"地笑了起来，感到非常激动和兴奋。

那一天，因为母亲对安迪说阿尼克生病了，需要好好休息，所以，安迪并没有和阿尼克玩很长时间。但是这次探病，让安迪深深地感受到友谊所带来的快乐。

可惜战争并没有让安迪的童年一直快乐地度过。

1944年3月，匈牙利被德国军队占领了。当军队进入布达佩斯的那天，安迪和母亲站在环形大街上观看，周围的人也都停下脚步注视着，所有人都非常严肃，包括安迪的母亲。虽然大街上有好多的人，但是那天，除了车辆前行的声音外，再也听不到其他声音了。安迪的母亲紧紧地拉住安迪的手，她要安迪跟着她回家。虽然行进的队伍还在前行，安迪也非常想看，但是他不敢违背母亲，只好不情愿地跟着母亲回到了家。

从那以后，德国士兵出现在城市的各个地方。有时候会遇到一大队，他们迈着整齐的步伐向前走；有时候会遇到一小队，他们一个跟着一个，依次前行。无论是一大队还是一小队，无一例外的是，他们都挎着机枪。

有一次，安迪在放学回家的路上遇到一个德国军官。那名军官迈着从容的脚步，昂首挺胸地向另一个方向走去。这让安迪感觉到，那位军官仿佛有一种无法抗拒的魔力。于是，他赶紧将自己的目光转到一旁，紧紧地靠墙站着，希望这样自己不会被看见。

时间一如往常地流逝，除了城市里多了那些时常巡视的士兵外，大家的生活看起来与以往没什么不同。但是，安迪总觉得，有一些东西已经改变了，只是自己不知道而已。

6月，安迪小学一年级的学习生活画上了圆满的句号。安迪从玛格达阿姨手中接过自己的成绩单，高兴地将它送到母亲的手里——安迪得到了全班最高的分数。在母亲合不拢嘴的笑声中，安迪知道，母亲也是同样地兴奋。那一刻，安迪仿佛觉得，所有同学和所有母亲的眼光都聚在了自己的身上。

众人瞩目的感觉，真好！

2. 星星房子里的生活

就在夏季即将结束的时候，德国军队所带来的影响渐渐表现出来。像是一夜间，城市里所有的建筑物上贴满了政府的海报，上面对犹太人的生活进行了严格的规定，规定犹太人应当与其他人分开。

而这些规定迅速地起了作用。有一些商店开始公开表示："犹太人不是我们的客户。"当犹太人乘坐有轨电车时，只能从后门上车。更为苛刻的是，犹太人不准坐下，无论车里是否有空座。然而，最让安迪觉得恐怖的是，人们似乎非常容易区分开犹太人与非犹太人，所以从来没有一个犹太人能够作弊。

那段时间，玛利亚只在家的附近活动。安迪没有和自己的同学联系，而且，他有一种感觉，仿佛所有人都对别人的生活一点儿都不了解。

但是，即使这样简单的生活也在政府的另一项规定下成了一种奢侈。政府突然规定，所有的犹太人必须在指定日期内搬出现在的公寓，住到那些政府指定的房子里去，就像安迪曾经听到过的那句话一样——他们要把犹太人放到一个犹太居民区。那些房子的出口都涂有大大的黄色六角星，因此，人们将这些房子称为"星星房子"。

安迪跟着母亲搬到一个小公寓里，这里曾是亚尼的单身宿舍，只有三个房间，分别为：卧室、厨房、浴室。不仅如此，安迪一家还必须和另外两个女人合住。其中一个女人是居卡尔一个商业伙伴的妻子，她是犹太人，而丈夫不是，所以，她搬进了这个星星房子，而丈夫仍住在家里继续工作。另一个女人则是个完全的陌生人。

搬家其实也挺轻松的，玛利亚只带了一些换洗的衣服，而安迪则背上了自己的书和玩具，剩下的东西都被政府禁止携带。不过，在看过"星星房子"之后，安迪觉得，即使政府允许他们携带，估计他们也不会搬，因为这里已经没有空间了。

"星星房子"在一楼，朝着一个小巷，不仅小，而且光线也不好。晚上睡觉的时候，大家就把白天折叠起来的沙发床和行军床拉开，挤挤也就这么过去了。

安迪原本以为，这样的生活不过就是换了个环境。虽然这儿的环境差了点儿，空间小了点儿，同以前相比，也没什么不可以接受的。但是，紧接着，政府的又一条规定就下来了，所有的犹太人必须在胸口处佩戴黄色六角星才准许上大街，否则就不准迈出"星星房子"。政府的规定总是那么多，那么严，犹太人公寓里的人们都已经麻木了，他们静静地接受了这一切。

然而，就像那平静的湖面总会有几条鱼高高跃起，落下后激起圈圈涟漪，慢慢地扩散开去。

有一天，安迪的一个犹太人朋友来找安迪玩，安迪走出公寓门之后才发现，这位朋友竟然没有戴黄色六角星。安迪一下子就蒙了，他吓坏了，甚至不知道要做些什么。不过，当他们开始玩游戏之后，安迪也就忘了这件事。几个小时后，到了开饭时间，这位朋友需要回家了，而他家与安迪家相隔有好几个街区，安迪又开始担心起来。这位朋友却表示没有什么，他哈哈一笑，拍拍安迪的肩膀，然后就跑着离开了。安迪为这位朋友担心，但他也佩服这位朋友的勇气。

虽然戴着六角星就可以出去，但是安迪他们还是会尽量避免出去，因为即使出去了，他们可以待的地方也很少。而且，他们在街上能够停留的时间也是有限的。最重要的是，当安迪他们戴着六角星在街上行走的时候，总会感觉周围人的眼光非常怪异，似乎，在有一堵围墙立在了犹太人与非犹太人之间。

街道上的士兵更加多了，不仅有德国的士兵，安迪还见到过箭十字党的士兵。箭十字党的成员都戴着独特的臂章。臂章上有一支竖着的和一支横着的箭，两支箭交叉起来构成一个十字。虽然安迪曾经见到过箭十字党的士兵，但是现在他不敢让这些士兵发现自己。周围的人都说，箭十字党和德国有着非常亲密的关系，最让安迪感到心惊胆战的是箭十字党人都非常仇恨犹太人。

在"星星房子"里居住的时候，食物非常紧张，安迪和母亲不得不每天吃煮豆子。有一段时间，安迪严重腹泻，当时，他非常想喝鸡汤，吃些土豆。但是在简陋的"星星房子"里，玛利亚没有原料，也没有工具，她只好出去走走，希望可以找到解决的办法。

幸好，玛利亚遇到了曾经给安迪家公寓看门的那个人的妻子，她是一个非犹太人，可以自由行动。看门人妻子爽快地答应了玛利亚的请求，她决定做份鸡汤和土豆，然后给安迪他们送过去。

当安迪看到鸡汤和土豆之后，他一声欢呼，扑过去将它们吃得干干净净。然而第二天，麻烦上门了。早上的时候，安迪就听到有人在不耐烦地敲着公寓门，当母亲打开门后，发现是一个陌生的男人。不知道这个男人与母亲说了些什么，安迪只记得，母亲走过来对自己说："你在家里等我，我一会儿就回来。"然后，母亲就跟着那个男人离开了。

母亲回来的时候，已经是几个小时之后了，她看上去非常不安。通过母亲的叙述，安迪才知道，原来早上来的那个陌生男人是警察。因为当时政府不准非犹太人为犹太人提供食物，所以，安迪母亲和看门人妻子都犯了法。

母亲说，这次可以回家真的是非常幸运。当那个警察准备收押她时，忽然想起了安迪，那个警察觉得应该准许安迪母亲同安迪道个别，或许以后就没有再见的机会了。就在她回家的路上，安迪父亲的一个朋友见到了这个情景，推断玛利亚可能被捕了，便赶忙去警察局找自己认识的朋友，将玛利亚和看门人妻子放了出来。

从这以后，安迪就再也不求着母亲要别的食物了。同时，他也想起了自己那"消失"了的父亲，这次全是仰仗着父亲的朋友母亲才得以逃过一劫。

3. 躲藏的岁月

"星星房子"里的生活虽然很艰难，但是大家并没有太多抱怨。如果没什么变故的话，安迪和母亲也会一直就这么居住下去。但是，事情总是向着人们最不希望的方向发展。

在10月的一天晚上，安迪姑夫桑依忽然到"星星房子"里来看望安迪和玛利亚，桑依不是犹太人，可以自由地行动。那天晚上，他同玛利亚谈了一会儿就离开了。当桑依离开后，母亲告诉安迪："安迪，恐怕我们必须逃离这里。"原来，桑依已经听到传闻：箭十字党即将推翻匈牙利政府。他就是来告诉安迪他们这个消息的。

桑依说，箭十字党认为犹太人现在的生活实在是太舒适了，根本没有体现出丝毫的惩罚。所以，他们决定，由他们来接管政府。而这，对身为犹太人的安迪和母亲来说，实在是一个最坏的消息。

玛利亚在极短的时间内安排好了一切，她将安迪送到安迪父亲的朋友约瑟夫那里，然后她就消失了。同时，她向安迪保证，只要一有机会，她就会回来看他。虽然安迪的心中非常不愿意同母亲分开，但是他知道，现在这种形势已经由不得自己任性了。安迪也相信，如果可以的话，母亲也同样不愿意离开自己。

安迪顺从地穿好衣服，将自己喜欢的书装进书包，走到母亲面前。母亲看了看他，没有说话，只是给他又多加了几件衣服。然后，母亲抓着安迪的手急匆匆地离开了"星星房子"。在步行过半条街后，她将安迪交到约瑟夫叔叔的手里，匆匆说了句"再见"就走了。然后，约瑟夫叔叔带着安迪回到了家里。

约瑟夫叔叔家的公寓非常大，而且他们家只有约瑟夫叔叔和他的妻子两个人，安迪理所当然地有了自己的房间。

在同母亲分离的那一刻，母亲曾告诉安迪说，如果有人问起他的来历，就说是从乡下一个镇子逃难来的。但是安迪总也无法记住那个城镇的名字，而且他也无法编造出更加适合自己的故事。约瑟夫叔叔和他的妻子总是很忙，他们没有时间一直陪伴安迪。于是，约瑟夫叔叔就告诉安迪说，其实最好的方法就是尽量不出现在别人的眼前，这样的话，就不会引起别人的注意了。

安迪只好一个人坐在微暗的大房间里，静静地读着那已经读了好多遍的书。他经常读一只小猫的故事：一只小猫独自到雪地里玩，然后得了重病，最终好了起来。虽然这本书已经读了好多遍，而且也早就知道小猫会好起来，但是安迪还是会为这只得了重病，仿佛下一刻就要死去的小猫感到心碎。他必须再次读完这个故事才会让自己走出那心碎的感觉。

没有母亲的日子，时间好像过得特别慢。刚开始偶尔会遇到空袭，后来空袭越来越频繁了，而且常常是在白天。每当这个时候，安迪就带着自己的书走进防空掩体，然后坐下来继续看。并不是这书多么有趣，仅仅是因为这样可以避免与他人对视。

终于有一天，安迪再次见到了母亲。当他们见面的时候，玛利亚打扮成农村的难民，头上裹着安迪从未见过的方巾。安迪这才知道，原来母亲现在跟着乳制品厂一个工人的妻子工作，每天清理公寓大楼，倾倒垃圾，就像以前安迪家公寓大楼里那个看门人做的一样。

突然，耳畔传来防空警报凄厉的声音，安迪和母亲不得不结束谈话，到防空掩体去。更痛苦的是，安迪必须装作不认识自己的母亲。对安迪来说，这是如此的艰难，他甚至不敢往母亲的方向看。好在，至少他知道，母亲就在身旁，就在自己触目可及的地方。

空袭结束后，母亲又离开了。离开前，她对安迪承诺说一定会再来的。

后来，母亲又来了一次，当她第三次来的时候，她决定带着安迪一起走。但是，她告诉安迪必须换个名字，叫安迪·马莱舍维奇。并且，安迪还需要忘记曾经的一切，转而记熟另外一个小孩的成长经历。虽然安迪明白，这个经历肯定是母亲编造的，但是想到这样就可以同母亲在一起，他就充满了对生活的希望与信心。

安迪和母亲跟着约瑟夫叔叔到了约瑟夫叔叔的父母居住地——科巴尼亚，这里的社区都是平房公寓，而且显得很是破旧。约瑟夫的父母所住的公寓只有一个房间和一个厨房，安迪只好和母亲一起睡在厨房里的折叠床上。虽然这里的条件很艰苦，但是安迪感觉很幸福，因为他终于又同母亲在一起了。

还有一件让安迪非常高兴的事情是，自己在这里认识了一个好朋友，名字叫约西，和自己年龄相差无几。他也是安迪来到科巴尼亚后认识的第一个朋友。虽然在这个公寓里还有很多和安迪一样大的孩子，但是安迪还是觉得只有和约西在一起玩时才最开心。

就这样，时间在安迪与约西的玩闹中悄然流逝，已经进入11月了，空中偶尔会飘起雪花。安迪和约西都没有上学，他们每天都在附近玩，从不去远方。对安迪而言，他害怕远离母亲。

有一天晚上，安迪突然被一种奇怪的声音吵醒了，那声音非常大，就像是两块厚木板狠狠地撞击在一起时发出的那种声音。那一刻，周围还没有睡觉的大人们都停止了说话，侧着头静静地听着。隔了几分钟，那种声音又传了过来。从那以后，那种声音就融入了安迪的生活，几乎每天都会响起。母亲告诉安迪，那是苏联人的大炮声。

一天，安迪刚刚从厕所回到家中，就听到了爆炸的声音。这一次跟以往一点儿也不同，不仅声音非常大，而且持续的时间也很长，安迪甚至听到了瓦块、砖头乱飞的声音。看看窗外，安迪这才反应过来，原来这次炮弹落到了外面的院子里，通往厕所的门都被炸碎了。

大人们决定搬进地下室。地下室光线太暗，安迪没办法看书，他只好每天同小伙伴们一起玩耍。每天外面连续不断的大炮声也都成了大家习以为常的音乐，没有人会再因为这声音而害怕。

大约两周后，突然一群苏联士兵来到了这里。他们检查过地下室之后，给安迪他们留了些面包，然后就住到了地面上的公寓里。他们每天早出晚归，就像安迪父亲曾经上班那样，非常规律。

就这样过了一段时间，大炮的声音突然就少了下来。而那些苏联士兵也离开了，安迪听说是继续前进了。不过，他并不是十分在意，他只是为终于又住回公寓而开心，终于不需要在地下室担惊受怕地过日子了。

4. 严厉的母亲

1945年1月中旬的时候，有一天，母亲拜访朋友回来后将安迪拉进房间，关上门，告诉安迪，布达佩斯已经没有德国士兵了，而且他们炸毁了多瑙河上所有的大桥。这样做的结果就是，苏联人无法再追上他们，但是他们也很难再回来。最重要的是，她告诉安迪："现在是你变回安迪·格鲁夫的时候了。"而且，玛利亚还决定，马上搬回位于基拉伊大街的家。

当安迪和母亲历尽艰辛回到基拉伊大街的公寓时，他们几乎不敢相信，眼前这个昏暗、杂乱、布满尘土的屋子就是那个记忆中的明朗、洁净的家吗？好多家具都丢失了，而剩下的也乱七八糟地摆放着，并且公寓里每一件东西上都蒙了一层厚厚的尘土。安迪看着母亲，而母亲只是抿了抿嘴唇，弯下腰，开始收拾。

正常的生活又回到了安迪一家的身边，就连吉齐和她的丈夫欣科也都回来了。如果不是父亲依旧没有任何消息的话，恐怕安迪会以为曾经经历的一切只是一场噩梦，但是没有父亲的家让安迪清醒地认识到，所有的经历都曾真实地发生过。

绿意开始浸染大地的时候，玛利亚也忙碌了起来。每天她都会奔波在巴乔尔马什与布达佩斯的乳制品厂之间。学校也开学了，并且已经有好多学生回去上课了。安迪问母亲，什么时候自己才可以上学呢？母亲认真思考之后，决定让安迪跳级，然后再补上欠缺的那些知识。她相信，安迪一定可以做得到。于是，玛利亚就去学校给安迪报上了跳级的名字。

为了培养安迪的独立意识，母亲同安迪商量过之后决定让安迪独自住在小房间。安迪很开心，终于有了属于自己的空间了。但是，刚过去两天，新鲜感没了，母亲每天忙着工作，安迪又不知道该干吗了，他只好四处闲逛。就在闲逛的时候，他遇到了加比。

安迪在战前就认识了加比，但那个时候，他们之间也仅仅限于认识而已。加比的母亲在安迪家附近有个卖烟草制品的商店，她同安迪的母亲很熟，而且这种关系在加比的父亲同样被征募到劳动大队之后就更加亲密了。现在，无聊的安迪遇到了加比，而他是安迪唯一比较熟悉的人，很快，他俩就形影不离了。

有一次，加比和安迪在玩闹中不知不觉跑到了一家杂货店里。这家杂货店建在了一片被炸毁的废墟之上，所有窗户的玻璃被炸飞了，还没有来得及换上，窗外只简简单单地围了一圈铁丝。窗户上摆着土豆、卷心菜等常用品，而安迪和加比更感兴趣的是，竟然还有糖果摆放在那里。

当时，店主正忙着接待店里的顾客，没有注意到这两个调皮的小家伙。这时，加比悄悄地向安迪示意，抓一大把糖出来，然后逃跑。安迪看懂了加比的意思，他非常紧张。但是加比没有等安迪同意就已经伸出了手，安迪也只好迅速伸出手抓了一把糖，然后两个小男孩转过身飞快地跑开了。当跑到熟悉的地方停下来以后，看着对方气喘吁吁的样子，他们不由自主地互相指着对方哈哈大笑。

休息了一会儿后，他们开始品尝自己的"战利品"，但是安迪总觉得这些糖果并没有想象中的那么好，而且和战前自己曾经吃过的也不一样。只是，这些糖果是自己第一次偷来的，有一种特别的感觉。他们吃了几个之后，将剩下的藏在兜里，就继续追逐着向家跑去。

当他们回到安迪家后才发现，安迪的母亲竟然在家休息。看到母亲，安迪禁不住在心里犯起了嘀咕，害怕刚刚偷了糖果的事情被母亲给发现。安迪一直觉得，母亲有一双明察秋毫的眼睛，每当安迪犯错或者没说实话的时候，她总能在第一时间就分辨出来。

玛利亚上下打量着安迪和加比，随意问了几个问题，然后安迪和加比的小秘密就穿帮了。安迪看得出来，母亲是真的生气了。安迪和加比都被她狠狠地骂了一通，并且被责令立即将剩下的糖果送回，并向店主道歉。此外，玛利亚还给了安迪和加比一些钱来赔偿被吃掉的糖果。

安迪和加比沮丧地踏着慢慢腾腾的脚步朝商店走去，他们不敢有丝毫侥幸的心理，因为安迪母亲就跟在身后，与他们保持着一定的距离。到达那个商店后，店里正好没有顾客，店主正在休息，见到两个小男孩，她站起身走了过来。

安迪和加比赶紧伸出手，露出紧紧攥着的糖果和零钱，嘴里嗫嚅着道歉。安迪注意到，店主仿佛在一瞬间就明白了一切。她先是惊讶，继而有些生气，最后她终于平静下来，微笑着接过糖果和零钱，原谅了这两个调皮的小男孩。至此，这件事才算终结。

虽然这次安迪和加比被安迪母亲狠狠地责骂了一番，但两个玩闹的男孩并没有因此而放弃那些新奇的玩法，他们仍然想着各种稀奇古怪的游戏，并付诸行动。

有一次，外面还在下着雨，安迪和加比顺着大楼的主楼梯爬到了顶层，然后站在楼梯井撒尿，看着水滴顺着盘旋而上的楼梯流下，最终砸到石板上四分五裂的情景，两个小男孩兴奋地"哇哇"乱叫。

然而，当晚上玛利亚到家后，惩罚也就跟着来了。安迪猜想一定是有人看见了他们的恶作剧，并且告诉了他的母亲，所以母亲的脸色才会那么难看。母亲将安迪叫到浴室，冲着他大喊大叫，并且在他反应过来之前，就用手中不知道什么时候抓住的木头勺子狠狠地打他的屁股。安迪大叫着，拼命将自己贴着墙缩成一团，但是母亲的木头勺子仍然没有丝毫迟疑地落在了他的身上。最后，母亲停了下来，她没有再说一句话，只是扔下木头勺子，转过身走了。

从那以后，无论加比如何诱惑，安迪也绝对不在楼梯井撒尿了。是严厉的母亲，教会了安迪做人的道理，让他学会了诚实、自律、尊重他人。

5. 父亲回来了

安迪和母亲回到布达佩斯后，母亲开始打听安迪父亲的下落。她向每一个遇到的熟人询问，打听他们是否有居卡尔的消息。虽然得到的一直都是否定的答案，但是她从来没有放弃过，依旧每天坚持着询问。到后来安迪都觉得母亲烦了，他甚至认为，母亲根本不会得到父亲的任何消息。

1945年4月的时候，战争终于结束了，德国士兵和箭十字党的人都被赶出了匈牙利，苏联大兵接管了布达佩斯，他们在街道上巡逻、站岗。

也是从这个时候起，很多消失很久的人逐渐回到了人们的视线中，亚尼便是其中的一个。当亚尼被释放出来之后，他曾到过安迪家，看到他的样子后，安迪感觉他的状况并没有想象中的那么糟糕。玛利亚同样向亚尼打听了居卡尔的情况，不过，亚尼也让她失望了。

8月份的一天，安迪的姑姑曼奇突然来到了安迪家。当她出现的时候，安迪几乎没有认出她来。她瘦得厉害，简直就是皮包骨头，人也显得很紧张，而且对待所有人都很冷漠。曼奇说，她和安迪父亲的所有亲人，都被关在一个叫集中营的地方，而其他人都死在了那里，因为她是个裁缝，被安排到一个工厂做服装，因此才逃离一死。

安迪发现，曼奇的胃口出奇地好，她一个人吃光了吉齐做的一大锅面条，这几乎把安迪吓呆了。吃完饭后，玛利亚发现曼奇的情绪依然非常紧张，于是她就让吉齐带着曼奇去休息了。就这样，曼奇暂时和安迪一家住在了一起。

那段时间里，几乎每天都会有运送战俘的火车回来，而在每天下午的时候，玛利亚和曼奇都会带着安迪去火车站。玛利亚希望可以在那些人中找到安迪的父亲，而曼奇则希望可以遇到自己的丈夫米克洛什。然而，她们总是失望而归。

后来，曼奇决定回她在小克勒什的家，于是，每天下午去火车站的人就只剩下了安迪和他的母亲。虽然安迪已经开始厌倦这样的寻找，但是在母亲的催逼下，他不得不继续陪着母亲进行这徒劳的等待。

日历被一页页翻过，不经意间已经到9月份了。有一天晚上，安迪和母亲正坐在厨房歇息，顺便吃点儿东西。突然，母亲停了下来，她侧着脑袋，仿佛在聆听着什么。安迪被她吓了一跳，禁不住问："怎么啦？"

　　"我想，我听到的就是你爸爸的口哨声！"母亲激动地告诉安迪。

　　然后，她不再理睬安迪，自顾自地跑到窗户旁边，把头伸出去在大街上寻找那个熟悉的身影。然而，大街上只是黑乎乎的一片，一个人也没有。

　　就在这时，门铃响了，母亲迅速转过身向门厅跑去，安迪紧紧地跟在她的身后。门开了，外面站着一个又瘦又脏、穿着破旧军服的男人。在那一瞬间，安迪觉得母亲像是变成雕像一般地呆住了，但是她又迅速地跳起来，跑到那个男人面前，伸出手，紧紧地抱住了他。安迪静静地站在母亲的身后看着他们，他想，这个男人一定就是自己的父亲了！

　　过了一会儿，这个男人走到安迪面前，伸出手拍了拍安迪的头。安迪却有些疑惑了，这个人就是自己的父亲吗？就在安迪心里犯嘀咕的时候，居卡尔突然转身向衣柜走去，他仔仔细细地翻着，像是要找一件珍宝似的。最终，他找出一套衣服，然后拿着衣服走到灯光下，仔细地检查着衣服的扣子。忽然，他紧紧地攥着一枚有裂纹的扣子，将衣服抱到怀里放声大哭起来。

　　在玛利亚的陪伴、劝慰下，居卡尔终于止住哭声，带着已经准备好的衣服去洗澡了。看着这个瘦得就像是乞丐的男人，安迪很难想象，究竟是经历了什么事情，竟然会让自己印象中那个乐观、阳光、健壮的父亲变成这个样子。

　　当居卡尔从浴室出来后，他已经平静下来了。于是，一家人坐在一起，听他说着在过去这段时间内自己的经历。居卡尔说，在前线没待几天他就被敌军抓住，关在了战俘集中营里。在那里，他得了一种致命的疾病，幸好挺了过来。但也是从那个时候起，居卡尔一直怀疑自己的神志是否清楚。于是，他就拼命地想自己的事情，他将自己的所有注意力都用来想那件衣服，尤其是那件衣服上有个裂纹的扣子。现在，居卡尔终于放心了，因为他已经知道自己是正常的，而且自己也已经离开了战俘集中营，待在了安全的地方。

父亲的讲述让安迪和母亲听得心惊胆战，虽然明知道一切都已经过去了，但他们还是忍不住为他捏了一把汗。不过，这个不平凡的晚上注定是幸福的，因为他们一家人又可以在一起了。

居卡尔并不是一个可以闲得住的人，不过，刚回来那些天，他的身体太虚弱了，不得不在家好好调养。当他在家休养一段感觉自己已经恢复了适当的体力，可以胜任一些工作的时候，他就开始出去找工作了，而且找到了一份固定的工作，是在政府经营的一家超市里做经理。而玛利亚依旧在乳制品厂帮忙。

生活似乎又回到了战前的安宁盛景，安迪家仍然经常会有朋友到来，他们来聊天，也会带来一些最新的消息。虽然他们对安迪都很好，但是安迪非常想念曾经陪自己玩的舅舅约西。其实，随着回来的人越来越多，也有越来越多关于消失的人们的消息传来。一天，有关安迪舅舅的消息传了回来：米克洛什回来了，而约西则死了。

听到这个消息后，安迪跑回自己的小房间，趴在床上，哭了。

第三章　兴趣广泛的贪学少年

1. 第一门外语

　　1945年9月底，安迪的学校开学了。学校准许安迪直接到三年级上学，但是因为安迪没有学过二年级的知识，所以，每天下午他都会去找玛吉特阿姨补习。玛吉特阿姨也是安迪三年级的老师，她知道哪些内容是安迪需要学习的。

　　但是安迪并不喜欢这个补习，因为补习的内容主要是提高阅读能力和学习乘法表。阅读能力安迪已经相当擅长，而乘法表则是好多三年级的同学也不知道的，经常会在课上再次学习和背诵。因此，补习一个月以后，玛吉特阿姨就向校长汇报了情况，说安迪已经可以进行二年级的考试了。校长给了安迪一份试卷，安迪很轻松地完成了，从此结束了下午的补习。安迪很开心，他认为自己的学习生活终于正常了。

　　那年冬天雪下得很频繁，所以一直都很冷，不过，让安迪和同学们开心的是，他们可以在放学回家的时候打雪仗。

　　然而，有一次打雪仗却差点儿惹出祸来。那天，安迪和同学们像往常一样玩，没想到，一个雪球被躲过之后竟然飞向了正好路过的电车，并且穿过了电车开着的门砸在了司机脸上。进而让安迪他们害怕的是，那位司机竟然踩住刹车停了下来。他怒气冲冲下了车，朝着这群小学生追了过来。小伙伴们一哄而散，而不幸的安迪则被司机抓住了。

　　司机拉住安迪，狠狠地骂了他一通，最后，他竟然摘下安迪的帽子，转过身走了。安迪想要回自己的帽子，那是他唯一的帽子，可是，看着那位仍然骂骂咧咧的司机，他还是放弃了，只好拖着沉重的脚步往回走，心里又害怕又恼怒。

当安迪回到家，父母看到他狼狈的样子非常吃惊，便问他到底发生了什么事情。安迪一五一十地汇报了那场闹剧，他还特别强调了，不是自己扔的那个雪球。听完安迪的叙述之后，父亲点点头，表示自己清楚了。接着，他对安迪说："走，跟我出去走走，咱们试试能不能找回你的帽子。"

居卡尔一边说着，一边穿上外套，打开门，带着安迪一起踏入雪地，向着那辆电车的终点站走去。路很长，风卷着雪花打在脸上很疼，这一路上，安迪和父亲都没有说话，只是艰难地向着目的地前行。时间一点儿一点儿地过去，天空也一点儿一点儿地暗了下来，安迪感觉随着黑夜的到来，气温也再度下降了。

到达终点站后，居卡尔向电车调度员打听，是不是有人带回一顶帽子，得到肯定答复之后，他又向调度员解释道，安迪就是这顶帽子的主人，并且希望可以将帽子归还给安迪。调度员仿佛早就明白了事情的始末，他将一直站在旁边默默不语的安迪喊过来，又给他讲了一通道理后，将帽子还给了安迪。

唯一的帽子失而复得，虽然回家的路上，风雪依旧狂啸，周围依旧寒冷，但是安迪觉得心里暖暖的。他紧紧抓着父亲的手，虽然两人脚下都是一步一滑，走得很艰难，安迪却感受到了被保护的温暖。这感觉，真好。

1946年春天的时候，安迪在父亲的建议下决定学习英语。父亲是这样劝安迪的："一个人会说几种语言，他就具有几个人的价值。"而且居卡尔认为，英语一定会成为世界上通用的语言之一，既然早晚都要学，不如趁着现在安迪学习语言的黄金阶段就去学。就这样，安迪开始了自己第一门外语的学习。

母亲为安迪找到的这位英语教师是一位中年未婚女子，她可以讲一口流利的英语，而且她也很擅长教别人英语。这位英语教师的学费很贵，以至于母亲在支付一大笔钱后，还将金项链拆开分成几节送给她当作报酬，她才答应教安迪。

当安迪真正开始学习英语时，他才发现，原来学习英语如此的枯燥与乏味，而且安迪不喜欢这位老师，也不喜欢这位老师的公寓。他总觉得这位老师性格很怪异，她住的公寓也让安迪感到很压抑，安迪向往外面大街上的阳光，他想跑出去玩。

但是这件事安迪的父母已经下定了决心，他们命令安迪必须每天坚持去学习英语，他们的态度是如此坚决且不容置疑，无奈的安迪只好每天到英语老师那里去报到。但是在他的心里，却无时无刻不在想着偷偷溜出去玩。安迪的父母洞悉了儿子的想法，他们在一起商量了很久，希望可以找到一个对安迪有所帮助的方法。

最终，母亲做了一个决定——让安迪学钢琴。她说，这样既可以培养安迪的兴趣，又可以转移他的注意力，或许可以起到催化剂的作用。于是，他们买了一架钢琴，然后将沙发床挪到窗户下，将钢琴安置在了大厅里。

安迪得知这架钢琴是为自己买的后，兴奋极了，坐到钢琴前面就开始弹了起来。于是，安迪父母又为安迪请了一位钢琴老师。新来的钢琴老师是一位老太太，她从最基础的音阶开始教，讲过两次之后就让安迪自己弹，而她则坐在旁边和玛利亚聊天。当老太太走后，母亲又监视着让安迪继续弹。一段时间之后，安迪练完了很多音阶，已经可以弹奏贝多芬的《土耳其进行曲》了，但是安迪总觉得自己做得并不够好。

渐渐地，安迪讨厌练习了，他感觉自己一开始接触英语的时候并没有这么大的阻力啊。钢琴，实在是太讨厌了。不过，也正是因为练习钢琴让安迪感觉到，原来学习英语也并不是那么的枯燥无味，至少，比学钢琴要容易多了。

从那以后，安迪在学习英语的时候很明显用心多了。渐渐地，学习英语融入了安迪的生活，成了安迪每日必做的事情之一。

2. 向往美国的生活

安迪的业余时间并不是全都给了英语和钢琴，他还喜欢给自己留一些时间去读书。这样坚持下来，安迪读了很多书。其中，他最喜欢的就是卡尔·迈所写的关于美国西部的故事。

在卡尔·迈的所有小说中，印第安首领温尼托和牛仔老沙特汉德总是主人公。他们两人非常善良，对生活充满希望。温尼托和牛仔老沙特汉德知道，让那些坏家伙离开，那些坏家伙不仅不会感恩，反而会变本加厉地继续回来捣乱，但是他们仍然义无反顾地一次次放过这些坏家伙。对安迪而言，他们的每一次交锋都充满了悬念，他们的每一次对决也都让安迪为之心惊胆战。

虽然安迪的朋友告诉他，说卡尔·迈根本就没有去过美国，他甚至没有离开过德国，他的那些书都是在监狱里写的。但是安迪并不在意这些，他在意的是美国，是卡尔·迈为读者勾勒的美国。

在卡尔·迈的书中，美国被描绘成一个不停地纠正错误、充满正义的世界，而这个世界，正是安迪所深深向往的。因为，安迪永远无法忘记那次去城市公园的恐惧。

当安迪放学回家的时候，他喜欢跟着伙伴们一起去离家较远的城市公园玩。在城市公园的周围都是非常宏伟的建筑。而这些建筑里面，住的是苏联的一些政要及其家属。大人们都告诫自己的孩子：千万不要同那些建筑里的人发生冲突！因此，每次安迪他们去玩的时候都尽量远离这些建筑。

有一次，当安迪和伙伴们刚好经过的时候，那些房子里跑出来一群苏联男孩。他们将安迪和伙伴们围起来，并且用俄语开始了辱骂。但是安迪和伙伴们都听不懂俄语，他们只好默默地站着，心里充满了疑惑与屈辱，并且感到非常害怕。

看到安迪和他的伙伴们没有反应，那些苏联男孩似乎更加猖狂了，他们开始伸手推安迪和他的伙伴们。虽然那些苏联男孩并不比安迪这一伙男孩高大，但是安迪和伙伴们不敢动手，只因为，他们是苏联人，这个国家，现在是他们说了算。

安迪和伙伴们实在忍不住了，他们朝着一个方向向外冲，冲出苏联男孩的包围，并且迅速地逃离了那里，摆脱了这些苏联男孩。

但是，从这以后，每次安迪和伙伴们去城市公园，他都会在心里祈祷，希望再也不要遇到这样的事情。

在安迪学习生活步入正轨的时候，周围的一切也都在慢慢地恢复着正常。人们修理了一些损坏的建筑物，而损坏严重的则被拆除，留出一片空地。不仅如此，人们还修建了横跨多瑙河的第一座桥，虽然它仅仅是由木梁搭建的，但是毕竟它重新连接起了布达和佩斯。当布达和佩斯可以通行的那天，人们还外出游行，为此庆祝。

安迪从来没有养过宠物，所以每当他看到别人抱着小猫、小狗玩游戏时总是特别羡慕。所以，当暑假来临的时候，有一只小狗的曼奇邀请安迪去她家住的时候，安迪毫不犹豫地答应了。

曼奇住在小克勒什，那里也是居卡尔长大的地方。其实曼奇是安迪的表姐，只是由于他们之间年龄相差比较大，所以安迪年幼的时候一直以为她是自己的姑姑。曼奇还有一个叫伦克的姐姐，不过伦克早就已经跟她的丈夫拉约什移居到美国了。在安迪的心中，伦克一定过得非常幸福，因为她已经在美国生活了。

小克勒什和巴乔尔马什在同一个方向，只是比巴乔尔马什离布达佩斯更近。9岁的安迪独自登上火车，他回头向送别的父母亲挥挥手，让他们回去，然后就钻进了车厢。安迪为自己的行动感到自豪，他觉得自己已经长大了，因为现在一个人乘火车自己也并没有感到害怕。在车上，安迪已经开始幻想着小克勒什的美妙生活了。

然而，到达小克勒什后，天黑了，曼奇却没有出现。后来，火车离开了，车站就剩下了安迪和他的背包，安迪开始有些害怕了。他用尽全身力气向四周大喊："曼奇，我是安迪，你是头大蠢驴，你在哪儿？"当安迪喊了四五次之后，黑暗中突然传出了曼奇哈哈大笑的声音。

原来，曼奇一整天都在车站等着安迪，只不过安迪天黑时才到达，她没有发现安迪的位置，后来听到安迪的喊声，她才找了过来。这也成了她打趣安迪胆小的理由，而安迪偏偏无法反驳。

到了小克勒什后，安迪发现，相比布达佩斯而言，小克勒什很小、很落后。这里的房子都很小，只有一层结构，甚至许多屋顶都是茅草，外墙就是用泥巴抹的。这里的主要交通工具就是马车和自行车。每周在广场会有一次集市，农民们会用马车拉着白菜、洋葱、土豆和其他食物到这里来卖。

安迪还发现，这里的人都非常热情善良。刚来没几天，他就和邻居的小孩们熟悉了，他们经常在一起玩游戏。安迪和他们一起在院子里用黑土堆建城堡，他玩得很开心，即使身上已经满是泥土也毫不在乎，但是爱干净的曼奇非常恼火，她冲着安迪大喊大叫，禁止他再玩泥巴。虽然，每次安迪都低着头，默默地听着她的教训，但是当伙伴们出现后，安迪就又将她的嘱咐抛至九霄云外了。

安迪在曼奇家每天玩得很开心，而且学习也没有落下。虽然安迪已经通过了二年级和三年级的课程，但是父亲总认为安迪的数学基础并不是很好，于是，他请了一位在小克勒什住的朋友来帮助安迪学习数学。

安迪没有记住这位补习老师的名字，但是这丝毫没有影响安迪同补习老师的友谊。安迪觉得这位补习老师为人风趣，待人友善。而且他的脸上总是带着笑容，安迪从来没有见过他跟谁闹别扭。最重要的是，他从来都不会训斥安迪，在他面前，安迪感觉就像是小时候同罗马茨在一起时一样，有一种平等、被尊重的感觉。

3. 第一个小公司

安迪的数学补习老师经常联系实际向安迪提一些问题，也因此，安迪看到了市场上钞票的诡异变化。当时，通货膨胀非常严重，在有集市的时候，安迪常常会看到，蔬菜的价格在很短的时间内就成倍地增长。后来，看到人们用篮子装着成捆的钱去买东西的时候，他已经不再感到惊讶了，已经习惯了。

小镇有个小电影院，那里每周都会放电影。然而大多数都是有关战前美国牛仔的，但安迪还是非常感兴趣。虽然电影票的价格也随着经济膨胀而上涨了，但是曼奇仍然带着安迪看了所有上映的电影。当然她并不是用钱购买的电影票，她用自家的鸡蛋换电影票，一个鸡蛋可以换一张电影票。那时候，看得最多的就是汤姆·米克斯主演的电影。

安迪的照相技术也是在这里由曼奇教会的。曼奇有两部相机，一部精美相机是德国制造的，而另一部则是像盒子一样的柯达相机。安迪非常喜欢那部柯达相机，因为它使用起来非常方便，你只需要对准景物，然后用手摁个按钮，在"咔嚓"一声之后，就拍好了。后来，曼奇将那部柯达相机送给了安迪。只是，曼奇从来都不让安迪装胶卷，她说，这是个技术活，需要一定的技巧。安迪只好在每次拍照前将相机交给曼奇，让她帮自己装胶卷。

曼奇和安迪经常带着相机四处拍照，他们给安迪玩泥巴时建的城堡拍照，给安迪和小狗拍照，给曼奇和小狗拍照。相片洗出来之后就被送给了安迪的父母，安迪想通过这些照片让父母分享自己的快乐。

在夏天即将结束的时候，安迪带着那部柯达相机回到了家。距离开学还有几个星期的时间，安迪还有和朋友们一起玩的时间。有一次，当安迪向加比和另一位老朋友温加尔炫耀自己的相机和新学的技术时，加比突然提道："既然你已经有了相机，又懂得拍照，咱们为什么不自己开个照相公司呢？"

加比的提议勾起了安迪和温加尔的兴趣，经过三个人的商量之后，他们决定自己开个公司，名字就叫温弗莱格罗，其实也就是他们三个人姓的缩写。

公司成立了，三个小男孩兴致勃勃地去找自己的亲朋好友，希望他们可以允许自己的公司帮他们拍照片。只是那个时候喜欢拍照的人实在很少，直到最后，在他们的苦苦哀求之下，才终于有几个人答应了让他们拍照。

终于有生意了，几个小男孩兴高采烈地忙了起来。安迪和加比负责拍照，温加尔负责冲洗胶卷。最后，照片终于出来了，只是几个小男孩捧着自己的作品，你看看我，我看看你，谁也不知道这样的照片是不是可以拿去给自己的客户看。原来他们洗出来的照片发灰，而且三个小男孩不懂得将照片弄平整的办法，以至于当照片晾干之后就自动卷了起来。

看到自己这皱巴巴的成果之后，三个小男孩都沮丧极了，事实让他们明白了原来拍照也不是那么简单的一件事。三个人商议之后，不得不宣布，自己的第一个小公司失败了。

但是三个小男孩并没有沮丧很久。他们很快就找到了新的游戏，并将自己全部身心都投入进去。

经过一段时间的相处，安迪发现温加尔是个聪明、细心的男孩，他会收集许多奇奇怪怪的东西，而且他收集的东西有些确实非常好玩。在温加尔收集的东西中，有一个电影放映机和几段电影胶片是他们最喜欢玩的。

他们会关上门，拉紧窗帘，将房间遮得严严实实的，就像是晚上似的。然后，他们就在房间里放映那些胶片。胶片很短，但是三个小伙伴都非常感兴趣地看了一遍又一遍，并且乐此不疲。

几周的时间就在三个小伙伴的玩闹中结束了，安迪开始了自己四年级的生活。对安迪而言，四年级与三年级几乎一样，甚至学校传授的知识更加容易接受了。这个时候，学校已经完全恢复了正常，所有的规章制度都开始实施。安迪却觉得，这并不是一件好事。

安迪的学习已经跟上了大家的进度，不再需要额外的补习，他也就有了更多的精力去做别的事情。安迪开始在上课时间跟朋友聊天，他并没有意识到自己这样做有什么不对，他只是为自己在班里可以拥有如此多的朋友而自豪。

然而当成绩单与老师的评语下来之后，安迪的心沉了下来。虽然安迪的学习成绩仍然很优秀，但是在"举止"这一项，老师却给了安迪低分，老师对此的解释是："安迪实在是太活跃了。"

当这样的成绩单第一次出现在安迪面前时，他非常害怕，担心到家后会被父母训话。不过那一次父母并没有任何表示。安迪想，或许父母并不介意自己的活跃，抑或自己活跃一些正是他们所期望的呢。于是，在以后的课堂上，安迪就更加肆无忌惮起来。

然而，当这样的成绩单再次出现在安迪父母面前时，安迪注意到，母亲明显露出了重视的神情。随后，母亲去学校找安迪的老师谈话了，而且这谈话的次数也越来越频繁。终于，有一天晚上，安迪准备去自己的小房间时被母亲叫住了。

接下来的时间，安迪被母亲狠狠地教训了一顿。母亲指出，安迪现在的学习态度非常不正确，如果不注意改正的话，将有很大可能会在将来为此而付出代价。并且，母亲还提出，希望安迪可以让所有的成绩都优秀，不要让自己再次去找老师谈话，那样她会觉得非常没面子。

训话结束后，安迪回到学校也确实安静了一段时间。

4. 宗教课上的质疑声

安迪父母对安迪的教育从来都是如此，而安迪也基本不会同父母发生争执。如果安迪做错了事情，他的父母往往会站在统一战线，通常是由母亲给安迪讲道理，而父亲则冲着安迪大喊大叫。他们希望可以通过这样的方式让安迪明白，什么事情是可以做的，什么事情是不可以做的。

而安迪因为做错事情被打的情况，只有上次的楼梯井事件。从那以后，安迪的母亲就再也没有打过安迪。而安迪的父亲，也从来不动手打安迪。但是他有着另一种表示自己愤怒的方式：他会在自己的床前放一双皮拖鞋，无论什么时候，那双拖鞋都会放在那里。如果安迪犯了错让他感觉生气的时候，他就会抓起拖鞋做着要砸安迪的动作，要是安迪依旧没有认识到自己的错误，他就会将那双拖鞋毫不留情地砸过来。虽然他从来都没有砸中过安迪，但是安迪仍然对那双拖鞋心生惧畏。

当然，他们也会常常对安迪不吝赞美。而且，他们的表达方式也是独一无二的：当母亲对安迪表示赞赏的时候，她就会走到安迪面前，看着他的眼睛，然后轻轻地给他一个拥抱；父亲则会直接得多，他总是直接走到安迪身后，伸出手，在安迪的后脑勺上轻轻拍三下，然后摸着安迪的头说："儿子，好样的。"安迪也会因他们的赞赏而倍感自豪。

四年级的学习，就这样在安迪的淘气与母亲的教育中拉上了帷幕。这已经是小学的最后一年，因此安迪和父母必须做出决定，决定安迪是上大学还是上技校。如果想读大学的话，那么现在安迪就应该选择大学预科；否则的话，安迪就要直接去接受那些特殊工作所需要的职业培训。

最终，在亲戚朋友的建议下，安迪父母决定送安迪去埃翁盖利克斯大学预科学校。这所学校是由匈牙利第二大新教开设的（匈牙利大多数人信奉天主教，所以其实新教一般只有很少的一部分人），它以学术出名，不过安迪喜欢它只有一个原因，就是这所学校离家很近。

埃翁盖利克斯大学预科学校是安迪走进的第一所有非犹太学生的学校，除了学术之外，它还有一个特色，就是尊重学生的选择。为了保持它的宗教特色，学校开设有宗教教学课程，但是它并不会强行要求所有的学生去听讲。安迪和其他犹太学生可以在新教徒学生上宗教课时去学犹太教的课程。

即使是这样，安迪依然感到不满，他讨厌宗教课。安迪总觉得宗教课就像是老师在给自己讲着幼稚的童话故事，如果仅仅如此也就罢了，但是让安迪痛苦的是，老师会一次一次告诉你：这些童话都是真实的。

终于有一天，安迪实在忍不住爆发了。那一天，老师讲的是杰里科发生战争时期，约书亚努力让太阳停止的事。老师正讲得起劲儿呢，安迪突然举起手来，老师不得不停下来："安迪，有什么事情吗？"安迪礼貌地从桌子后走到过道上，站在那里回答问题："老师，我只是想知道，毕竟我们最近刚学到一个知识——地球是绕着太阳转的，而太阳是静止的。那么，如果太阳是静止的，还需要约书亚去努力吗？"

老师愣住了，他站在那里，嘴张开又合上，最后，他大声地对着安迪咆哮："安迪，你要明白，你现在上的是宗教课，你可以不相信，但是你永远都不能去反驳它！"老师的眼睛紧紧地盯着安迪，那一刻，安迪甚至想，如果太阳不是静止而是运动的，凭着老师现在的神情都一定可以让太阳停下来。

老师的愤怒并没有吓倒下面的这些学生，这一点安迪深信不疑，因为他们都在自己的座位上偷笑呢。安迪扬扬得意地回到自己的座位上，他想，在这场与宗教的对决中，安迪得1分，而宗教没得分。

当晚上回到家后，安迪带着一丝的忐忑向父亲诉说了这件事情，父亲不但没有责怪他，反而用手拍了拍他的后脑勺——这代表着他对安迪的赞赏。安迪不能不兴奋，因为在此之前，他的"活跃"可是一直都让父母头疼，也是让自己深受其害的"主凶"啊。

那个时候，安迪的学习成绩单和小学时几乎一模一样：文化课1分——所有的，行为课2分（成绩是按照1-5的等级制度排列的，5分是不及格）。而这分数，则直接表明了老师们对安迪在课堂上不遵守纪律的态度。

最终的结果就是母亲重新开始频繁地出入老师的办公室，并且母亲每次同老师谈话之后都会在家给安迪好好上一堂思想课。她非常严厉地批评安迪，希望安迪可以收敛一些，争取下一次可以得到老师的好评。

安迪并不接受这样的批评，他觉得自己并没有犯错。安迪向母亲解释说，自己并没有做什么出格的事情，只是与同桌或者是身后的男同学讨论了一下问题，仅此而已。

很明显，安迪的解释不仅没有解除母亲的烦恼，反而让她更加生气了。她觉得安迪肯定是小学时那无法无天的毛病又犯了，因此她也就更加严厉地教训了安迪一通。

不过，当玛利亚知道了安迪在宗教课上光明正大地向老师提出质疑之后，却并没有表示什么，既没有提出批评，也没有特别表扬。安迪明白，母亲这是赞成了自己的观点，或许，只是对自己的做法稍微有点儿不满。毕竟，这样直接同老师顶撞肯定会影响自己的成绩。

就在安迪为自己的宗教课成绩担心的时候，学校有了新规定：宗教教育即日起不在必修课的范围之内。听到这个规定之后，安迪兴奋得差点跳了起来，自己终于可以同宗教课说再见了。

5. 爱上了歌剧

安迪曾以为上宗教课是对自己最大的折磨，以为自己不会为失去宗教课而难过，但是，安迪很快就发现了自己的错误。因为，他此后不仅不需要上宗教课了，甚至，他也不能再到埃翁盖利克斯大学预科学校去读书了——那一年是1949年。

其实，在1948年的时候，安迪的生活就已经发生了翻天覆地的变化。那一年，匈牙利共产党在选举中得到了大多数人的支持，接管了政府。没过多久，他们就开始施行新的政策：接管所有，将一切都国有化。首先是大公司，然后是较小的公司。而安迪家的乳制品厂也在一夜之间换了主人。

乳制品厂国有化后，安迪家就没有了松软干酪、黄油和酸奶酪。但是，更大的变故还在之后，吉齐和欣科必须离开了。因为政府认为雇佣别人就是对别人的剥削，因此坚决不允许雇佣的存在，所以吉齐和欣科就离开了安迪一家，去过他们自己的生活了。

乳制品厂已经不再属于安迪家了，玛利亚只得去了一家国有公司做会计。玛利亚做饭非常简单，她一般都做土豆拌红辣椒和香肠，偶尔也会做菜炖牛肉。只是，做菜炖牛肉的时候，她总是加好多的汤，而且做一次可以吃好多天，每次吃饭盛出来一碗加热，剩下的留给下一餐。

父母都很忙，安迪渐渐地习惯了自己一个人生活，他学会了自己热饭菜，吃完之后自己收拾餐具，然后去写作业。偶尔在父母询问自己情况的时候，或详或简地给他们讲自己在学校的一些事情，当然这个还要依照安迪当时的心情而定。

安迪做作业的时候很少会向父母求助，但是，如果安迪自己写出一篇作文的话，他一定会拿去征求父母的意见。此时，父母无论在忙什么都会停下来看安迪的作文，并且会认真地给出意见，安迪也会根据他们的建议去修改自己的作文。

就像生活在一点点地改变似的，安迪也在一点点地调整自己去适应这些变化。然而，直到1949年秋天的时候，他都没能调整好自己的心情，安迪就这样带着伤心难过和不情愿背着书包去了新学校。

安迪的新学校坐落在多波大街，多波大街是一条非常狭窄的街道，残破得让人找不到可以形容的词，它是如此不起眼儿，甚至在政府重新命名街道的时候都没有将其考虑在内。而像安迪家不远处的那一段环形大街就被重新命名了，它的新名字是列宁环形大街。依此推断，也可以明白多波大街是多么不受重视了。

多波大街学校的学科、班级还有课程表，这些都同安迪以前待的学校相同，虽然也有很多像安迪这样的学生被送到了这里，这里也有老师，而且这里大多数的学生一直就待在这里，可安迪发现，这里的学生和老师根本就没有给自己制定学习目标，而这在安迪原先的学校是绝对不会发生的。

来到这所学校唯一可以让安迪开心的，或许就是加比也来了这所学校，而且还在同一个班级上课，这样他们就又可以一起在课后玩了。

像大多数人那样，加比也非常喜欢音乐，特别是歌剧。但是安迪因为曾经被迫学习钢琴而对音乐有着一些不好的记忆，他拒绝进入那些和音乐有关的场所。而且，安迪认为歌剧是人们用音乐来讲述假话的愚蠢行为。

所以，当加比提出希望安迪可以同他一起去参加一个歌剧的露天音乐会时，安迪一口就拒绝了。为此，加比很是费了一番周折，他反复地在安迪耳边说着歌剧的好，说着和歌剧有关的趣事，但是，安迪丝毫没有改变主意。最后，加比实在没辙了，他用了最直接的方法——强行将安迪拖进了音乐会场。

那天音乐会有歌曲、舞曲和歌剧选段几个节目。安迪和加比就坐在舞台附近，安迪可以清清楚楚地听到演唱者的声音。就在那天，安迪被一个大嗓门的歌唱者感动了，那位歌唱者演唱的是《卡门》里的"斗牛士之歌"，那天安迪跟着全场的观众一起为那个演唱者而欢呼。安迪从不知道，原来歌剧也可以如此震撼人心。

音乐会完了，安迪不得不迎着加比嗤笑的目光向他承认，自己的确非常想看完整的《卡门》。这个并不是非常困难的事情，很快，他们就发现有《卡门》的演出，于是赶紧买了票去看。也就是从那个时候起，安迪深深地迷上了歌剧。

当安迪一个人在家的时候，他会悄悄地唱自己喜欢的歌剧，也因此他发现自己的嗓音很低沉，于是，安迪告诉加比，自己有着做名声音浑厚男中音演唱者的潜质。然后，安迪的兴趣就更多地被吸引到那些有很多中、低音的歌剧上。当时，他最喜欢的两部歌剧是《卡门》和《浮士德》。

安迪的父母知道安迪喜欢歌剧之后非常支持，为此，他们还将那个老留声机换成了电唱机。安迪觉得，虽然这部新的电唱机没有老留声机发出的声音好，但是它使用比较方便，可以将唱片一直放完，而不像老留声机那样，需要安迪在播放时站起身摇动曲柄为它上发条。

因为安迪家中几乎没有歌剧的唱片，所以，他和加比跑到自己的姑姑伊伦那里去借。他们在伊伦姑姑那些满是灰尘的唱片中挑出一堆，然后抱到安迪家听。

安迪和加比一个唱片接一个唱片地听，让他们失望的是，在这一大堆的唱片中，大多数是他们不感兴趣的。一次，安迪无意中塞进去一个唱片，却被瞬间打动了。那真是一个令人难以置信的声音，它有力地唱着一部生机勃勃的歌剧。安迪和加比就那么傻傻地站着一直听到歌剧结束。

当歌剧结束后，安迪取出唱片才知道，原来这是费奥多尔·夏里亚宾演唱的《鲍里斯·戈杜诺夫》。

安迪开始四处搜集着夏里亚宾的资料，通过这些资料，安迪了解到，原来夏里亚宾并没有特意学习过音乐，而且夏里亚宾也从不需要认真地读乐谱，但是他的临场发挥从来没有辜负人们的希望，甚至常常灵机一动，演绎出更加精彩的故事。

安迪开始幻想着，等自己长大后，就做一名像夏里亚宾那样的歌剧演唱家。

6. 作家梦碎了

成为作家是安迪的另一个梦想。

安迪读过很多的书，他最喜欢的作者是卡尔·麦和儒勒·凡尔纳，他们的书可以轻易就激发人们的阅读欲望，让人们在不知不觉中渴望去读更多的东西。当安迪到了多波大街学校读书的时候，一套弗福雷斯特所著关于霍恩布洛尔的书则激发了安迪成为一名作家的梦想。

那个时候，安迪从社区的图书馆借这套书来读。每当他即将读完一本的时候，他就会非常担心，害怕到了图书馆之后发现下一本被别人给借走了。好不容易将整套书都读完了，安迪觉得回味无穷，于是，他又借来读了一次。

读这套书的时候，安迪常常幻想自己就像这套书的主人公——霍恩布洛尔船长一样，很少说话，但是每一句话都一定要经过自己的慎重考虑，就像是独自扛着整个世界一样。安迪从来没有将自己的这些想象告诉任何人，虽然他觉得如果周围的同学们了解到自己丰富多彩的内心生活后会更加尊重自己。

不过，也正是因为这些想象，让安迪下定决心，为自己将来可以成为一名作家而努力。安迪希望可以通过自己的笔，描绘出一幅想象的场景，以及一个想象出来的人物，努力用智慧和勇气去征服生命中的困难。如果安迪的这个梦想真的可以实现的话，他就可以用笔为人们展示自己真正的内心世界了。但是，安迪并没有将它付诸行动，他想给自己留一些空间。

然而，随着年龄的增长，周围人们对安迪的梦想也越来越好奇，他们会不停地追问安迪，长大后想从事什么样的工作。迫于周围的压力，再加上对写作的喜爱，安迪决定告诉父母和其他一些亲友，说自己想当一名新闻记者。

不久之后，安迪还真的差一点儿就成了记者。那时候，安迪所在的学校经常举办一些聚会，在聚会上同学们可以相互讨论、交流对社会热点问题的看法。当然，在这样的活动中，安迪一向是积极表现的，他也从来没有觉得这样有什么不妥。

会后，一位女子找到了安迪，她自称是一家周报的编辑，她希望可以邀请安迪做他们报社的记者。她还告诉安迪，她们周报的读者对象主要是年轻人，而安迪在聚会上从容争辩的表达方式让她相信安迪一定会写出符合她们报社的文章的。安迪想了想，他提出，希望可以去参观一下她们的编辑部，然后再做决定。那位女子同意了。

安迪参观的编辑部有两个房间，每个房间里都堆着一摞一摞的纸和她们曾经出版的报纸。在编辑部的房间里还有两个中年男子，他们并没有太多关注安迪，甚至连头都没有抬起，他们只是盯着自己的打字机，在那里忙着噼里啪啦地打字。

这是安迪见到的第一个编辑部，虽然他不知道是不是所有的编辑部都是这样，但是眼前所见已经让他感到非常满意了。

从编辑部回来后，安迪就开始为自己的第一篇文章做准备了。他精心地将自己暑期的趣事写了出来，写了五六段，仔细修改之后，他将这篇作文交给了那位女子。

很快，安迪就接到了通知，这篇文章被录用了。安迪兴奋极了，他的梦想在这个时间成为现实。自己写的东西也终于变成铅字，登上了报纸。安迪成了那家报社的免费宣传员，无论去哪儿都带着那份报纸，他渴望所有人都来分享自己的喜悦。

安迪的成功似乎给了父母极大的荣誉感，他们感到非常自豪，但是他们又担心安迪会因此而沾沾自喜、扬扬得意，所以他们将这篇文章给了安迪的姑姑伊伦，希望可以让伊伦的丈夫桑依看到，并且给出评论——要知道，桑依是真正的记者。那段时间里，安迪非常紧张和期待，他希望这篇文章可以得到桑依的肯定，但是很长时间过去了，他都没有等到任何的回应。

虽然没有得到桑依的表扬，但是安迪的写作热情并没有因此而消退。他经常给那家报社交一些新作文，写的都是安迪身边每天发生的事情，故事很短，但是安迪没想到，他交的每一篇作文，报社都给登了出来，而且并没有做太大的改动，这极大增强了安迪成为作家的信心。

那家报社还给了安迪一个通讯员的身份证明，这份证明上有安迪的照片，而且报社还给了安迪一个编号：7号。无论去哪儿安迪都带着这个证明，他希望有一天可以用到这个证明，可惜的是，他从来都没有遇到合适的使用机会，不过，他依然为此而感到自豪。

安迪想，如果就这样一直走下去，或许自己真的可以成为一名作家。但是，这一切在忽然之间就发生了改变。

刚开始，安迪上交的所有作文都是自己构思、自己想象的，而负责安迪的那名女子也从来没有约束过安迪。但是后来，安迪开始由那两名男编辑中的一名负责，他的写作就不是那么自由了。安迪的负责人给安迪的第一个任务是将多波大街学校五一大游行的情况报道出来。

那次的游行，安迪也在学校的命令下参加了。当时参加游行的人很多，但是很明显，大家都是被迫参加的，因为大家的脸上都没有热情，实际上，他们看起来似乎不情愿的情绪要更多一些。

那篇报道安迪并没有交，但是那家报社依旧刊登了介绍五一游行的相关文章。而且文章写得还热情洋溢，它不仅高度赞扬了游行，还进一步表明了青年人对政府的支持。安迪有些疑惑，这篇文章所写的，真是自己参加的那个游行吗?

1951年刚开始，安迪就觉得，自己越来越迷茫了。因为许多事情莫名其妙地就发生了：先是安迪姑夫桑依和他的女婿在半夜的时候被警察带走了；没过几天，安迪的父亲也被解除了工作，不仅如此，他还被命令，以后无论他从事什么工作，工资都不准超过原先的四分之一；此外，安迪最近交的几篇文章一篇都没有发表。

当安迪向负责自己的那位编辑请教原因时，那位负责人只是不耐烦地挥挥手："没有什么特别的原因，只是因为这几次交的文章没有以前那些文章写得好。"然后就让安迪离开了。

在回家的路上，安迪想，会不会是因为自己的姑夫在监狱里，所以自己写的东西就不被他们接受呢?安迪为自己的这种想法而震惊，但是当他到家这样问母亲后，母亲只是静静地聆听，然后点头示意就是如此。安迪注意到，母亲的眼睛湿润了。

于是，安迪知道，自己的作家梦碎了！

第四章　紧张充实的大学路

1. 马达奇大学预科学校

作家梦破灭之后，安迪又开始思考，自己将来究竟要做什么呢？从多波学校毕业之后，可以有两个选择：一个选择是去大学预科，这是为14岁左右想上大学的孩子开设的教育机构；另一个选择就是去那些中等技术教育机构，从那里毕业之后，仍然可以上大学，而且比上大学预科的孩子还多掌握一门技术。安迪的好朋友加比就去了技术教育机构。最后，安迪还是选择了大学预科学校就读。

安迪要去的是马达奇大学预科学校，它曾经也像埃翁盖利克斯一样，总共有8年的课程，但为了适应政府的政策，它调整了结构，现在只为学生提供最后4年的课程。虽然这所学校是被指派的，但是安迪觉得还算满意，因为它曾经也有着很大的名气，并且是因为它的教学成绩突出而成名。

安迪和所有来到马达奇大学预科学校的学生一起被分成了3个班：1A、1B和1C。其中1A和1B是男生班，1C是女生班。安迪被分到了1A班，安迪很快就发现这个班级里有很多调皮捣蛋的家伙。

分班后不久，老师组织1A班到布达佩斯的动物园游玩。动物园在城市公园那里，与学校有着很长一段距离，而老师决定带着学生们步行过去。于是，在出发时，老师给他们排列好队形，四个人一横排，老师走在最前面。

但是，队形很快就乱了，男孩们各自组成一个小组，相互追逐打闹着，几乎占据了整个人行道。虽然整个队伍乱糟糟的，没有了一点纪律，但是因为这些男孩们只是在人行道上打闹，并没有干扰到正常的交通秩序，因此，老师也就听之任之了，没有干涉。

到达动物园的时候，老师喊住了打闹的学生，警告几句之后让学生们在动物园门口等待，而他独自去售票厅安排进园的一些事情。但是这些没有耐心的男孩们没有了老师的约束，仅仅安静了几分钟就待不住了。突然有几个男孩从队伍中冲出来，他们直接跑到动物园的围栏前，三两下爬上去，然后跳了进去，眨眼的工夫就消失得无影无踪了。而剩下这些心情烦躁的男孩们仿佛突然找到了宣泄口，于是一窝蜂地奔过去，在看不到主大门的地方爬过铁栏杆，翻进园内。安迪也在这支队伍中，不过，他担心那些栏杆的金属刺伤自己，所以，他跑到一根用来固定铁栏杆的石柱子前，然后借着这根石柱子翻到了园内。

翻进园内的安迪，也像其他同学那样感到一种莫名的兴奋。他跟着三四个刚认识的新朋友一起，从一个景点跑到另一个景点，他们喊着、叫着、笑着、闹着，每个人都跑得气喘吁吁的，每张小脸都兴奋得一片通红。

那一刻，安迪有一种感觉，仿佛这个动物园就是专属于自己1A班的游乐场，每个角落都可以看到自己班的学生，每个人都在兴奋地玩闹，谁也没有将心思放在观赏动物上。

只是，这肆无忌惮的奔跑与打闹并没有持续多久，安迪发现有身穿制服的工作人员开始追赶、围捕自己的同学了。由于是在初秋，而且是在工作日，动物园里的游客不是很多，而且安迪和同学们实在太活跃了，工作人员很容易就将他们识别出来，并将他们带到了怒气冲冲的老师面前。

动物园的旅行就这样以一个闹剧的形式结束了，但是对学校而言，这件事并没有结束。

在回学校的路上，怒气冲冲的老师紧紧地盯着这些惹事的学生，不许任何一个人再打乱队伍的秩序。而这些男孩们，也许是玩累了，也许是知道自己犯了错，都规规矩矩的，没有再在步行过程中玩闹。

回到学校之后，这些男孩们被责令排成一队站在院子里。他们垂头丧气地站在那里，不敢再有丝毫违犯纪律的动作。男孩们没有站很久，在老师将事情报告给校长之后，校长放下手边的工作出现在了这些男孩的面前。

校长个头不高，但是长得很结实，而且整个人也显得非常威严。他愤怒地盯着这些犯错的男孩们，那严厉的目光让每个男孩都不由自主地低下了自己的脑袋，没有谁敢同愤怒的校长对视。校长严厉地批评了这些男孩们，他说，这样的事情绝对不允许出现第二次。不仅如此，他还说，如果这些男孩们不能改正这样随意破坏纪律的毛病，他将不再容忍他们的过错。

这件事让安迪这个班级一下子在全校出名了，但是安迪感觉在这个班级里并不快乐。他发现，这个班级里的好多学生都对学习不感兴趣，他们野性十足，玩闹，粗暴，结果就是他们无从取得一个好的成绩，而这也恰恰成了一个恶性循环：他们越疯，成绩就越差，而对学习的兴趣就越少，就会更加疯狂地去打闹玩耍，如此循环往复。

喜欢学习的安迪自然就成了这些人中的另类，而安迪也厌烦了同他们在一起，虽然疯狂地玩耍当时会很开心，但是安迪不想因此而失去自己对学习的兴趣。于是很快，安迪就同班级里那些对学习感兴趣，并且有自己特长的学生成为好友，经常待在一起。

安迪新结交的朋友有四个：一个外号叫布比，他个头很小，但是他的肌肉很发达，并且极其擅长体育运动。不仅如此，布比的数学和物理也都学得很好，动手能力也特强，经常会帮助大家修理一些小东西。

与布比形成鲜明对比的是伊姆雷，他长得很高，很瘦，同时也很笨。他喜欢文学，而且阅读量非常大，安迪很喜欢同他讨论那些自己读过的书中的人物，而伊姆雷也从来没有让安迪失望过，每次安迪同他讨论的人物，他都可以信手拈来，并提出一些自己的见解。这让安迪很兴奋，他总觉得，似乎自己提出的每本书伊姆雷都早已经读过好多遍了。

安迪的第三个新朋友是他们班里的数学奇才，大家都叫他的外号弥诺斯。这个外号是大家根据当时刚学的希腊神话里面，那个丑陋的人身牛头怪的名字给他起的。虽然弥诺斯对高等和抽象数学掌握很快，并且学习的知识也很超前，但是他从来不重视自己的外表。他常常穿着不整洁的衣服，也不洗头发，而且还流着鼻涕，这些都是大家非常讨厌的，安迪这些朋友建议他整理整理，他从来就没有听过劝。

陶马什是安迪认识的唯一不是1A班的朋友，他是1B班的。陶马什擅长的是数学和物理，此外他还可以熟练地拉小提琴和弹奏钢琴。

他们这五个人的小组还有一个共同点：大家都是犹太人。虽然从没有在意过，但是这一点还是让大家都感觉很舒服。

2. 学习跳舞和俄语

曾经有一段时间，安迪缺少了零花钱。这是因为安迪的父亲被禁止多拿工资。幸好父亲有位在国有乳制品厂工作的朋友帮助，让他去了那儿工作，工资按当局要求正好是以前工资的四分之一。

父亲工资的减少最直接的影响，就是安迪从此没有了自己的零花钱。他再也不能去看歌剧了，也不能在周末跟父母一起去吃大餐了，甚至，就连肉都只能是一周吃一次。

好在居卡尔并没有让这种情况持续很久。几个月后，他的另一位朋友给他介绍了一个在建筑公司的工作，虽然这份工作比原先的工作要累许多，但是工资也相应地比原先要多。于是，在填过一系列的表格，经当局仔细检查之后，居卡尔就到那家建筑公司上班了。虽然从那以后居卡尔每天都需要步行很长时间，但是安迪从来就没有听到父亲抱怨过。

父亲换工作后，安迪又有了一些可以自己支配的钱。在同父母要了一些钱之后，安迪带着这些钱去离家不远的一所舞蹈学校报了名，他早就想学习跳舞了。

安迪学跳舞的动机很简单——他想吸引女孩们的注意力。因为班里没有女孩，所以安迪不得不考虑通过其他方式去接近女孩子，而跳舞是安迪当时想到的唯一的好主意。

在安迪的意识中，跳舞是一件非常神秘的事情。他根本想象不出，跳舞的人是如何调整自己的脚步的，而且，他们怎么会如此勇敢，因为安迪从来不敢伸出手去邀请女孩跳舞。不过，也正是这种神秘和勇气让安迪最终做了学习跳舞的决定。

安迪报名的时候是在他读马达奇大学预科的第一年春天，他参加了一个舞蹈初级班。

开始学习舞蹈后，安迪才明白，舞蹈其实并没有自己想象的那么神秘、那么困难。舞蹈班中的学生大多和安迪同龄，其中只有几个女孩，剩下的都是男孩。舞蹈老师是一位中年男子，他很瘦，而且满脸皱纹，但是他时时给人一种自信和老练的感觉。这位舞蹈老师总是穿着裁剪得当、用料精良的西服，虽然这西服看上去很旧，但是这位舞蹈老师穿着却让人感觉很优雅。

刚开始上舞蹈课的时候，安迪和大家排成一行站在一面装有大镜子的墙前，在老师的带领下做一些非常简单的舞步。大家一起喊着拍子"一、二、三、四"，并且跟着拍子的节奏迈出左脚或者右脚。安迪感觉很枯燥，而且他根本感觉不到自己是在跳舞，他总是小心地调整自己的脚步，从来都不看镜子。

但是，后来老师开始放录音了。踏着音乐的节拍，安迪感觉所有的动作好像在一瞬间被赋予了生命的意义。他们伴随着音乐一遍又一遍地练习狐步、华尔兹和探戈。安迪也越来越熟练，他喜欢上了这种感觉，觉得自己终于找到了自信。

独自跳舞的训练很快就告一段落了，老师开始教安迪他们双人舞。当老师和他的舞伴跳舞时，阿迪觉得他们滑动脚步的姿势是那么优美，他羡慕极了，真希望自己立刻就可以达到他们那样的水平。

舞蹈班里的女孩比男孩要少，他们只好轮流练习跳舞。当安迪和一个女孩开始练习的时候，他非常紧张，自己一直期待着的那个神秘而充满魅力的时刻就要来了。然而当他一只手环着女孩的腰，另一只手同她的手相握的时候，安迪感觉到，自己所期待的那种神秘感一下子就没了。两个人的手心都开始出汗，而安迪一直忙着给自己数着"一、二、三、四"的节拍，甚至忽略了自己的舞伴是个女孩。

练习得多了，舞步也就更加自然了，渐渐地，安迪不需要再默数节拍也可以跳得很好了，他甚至学会了在跳舞时同别人互换舞伴。只是，虽然每天可以同女孩们待在一起，但是在舞蹈学校，安迪却并没有经历什么浪漫的事情，因为大家都更专注于自己的舞步。

就这样过了六个星期，安迪的舞蹈课结束了。舞蹈学校为安迪他们举行了一个毕业典礼，那天，全校所有人都到了。在典礼上，安迪他们在大家的注视下结伴跳舞，就像是最后的毕业考试一样。

通过学习舞蹈，安迪自信了起来，他开始参加学校举办的舞会或者其他特殊活动。他觉得，现在的自己不仅知道了可以把脚放哪儿，还知道了要如何才能够给女孩留下深刻的印象。

在学习舞蹈的时候，安迪也没有放下自己的学习。当时，学校里开设有俄语课，为了更好地学习俄语，安迪还报名参加了一个免费的培训班。他总觉得，如果有一件事情是自己必须做的，那自己就应该努力去做到最好。

这个培训班的上课时间是在晚上，令安迪惊奇的是，培训班的上课地点竟然是在埃翁盖利克斯大学预科里。班里的学生也是各种各样的人都有，不过大部分是成年人，当然也有几个像安迪一般大的小孩。在这几个同龄人中，一个女孩吸引了安迪的注意。因为大家相互间都用俄语称呼对方，所以，安迪知道了她的俄语名字是加林娜。

后来在回家的路上，安迪才知道原来加林娜回家是要路过自己家的，也就是说，他们可以一起回家。这个发现让安迪非常兴奋，很快他们就有了默契，在下课后一起回家。

那段时间，安迪觉得自己对下课回家的兴趣要远远超过对俄语的学习兴趣，他觉得那位教俄语的老师讲得一点儿都不好，或者也可以说是安迪学习俄语的动力没有那么强烈了。唯一促使他坚持下来的原因就是加林娜，安迪很享受同她一起步行回家的时刻，但是他没有勇气邀请加林娜约会。

俄语补习课，也在安迪的矛盾与纠结中结束了。

3. 迷上了化学实验

在学会跳舞，停止补习俄语的日子里，安迪将自己的全部注意力放在了化学实验上。其实，在多波大街学校的最后一年，安迪就发现自己对化学实验很感兴趣，随着年龄的增长，这兴趣不仅没有如同心血来潮般消散，反而越来越浓，他深深地迷上了做实验的那种感觉。

起初，安迪做实验的步骤都来源于一本无意中得到的书，这是一本特意为孩子提供的和简单化学实验有关的书。

安迪做第一个实验所用的材料是白糖。实验其实非常简单，安迪找来一个透明玻璃杯，玻璃杯里盛有半杯清水，然后安迪将母亲给自己的白糖溶解在水中，又将一根绳子吊在瓶内，绳子的下半截浸在白糖水中。当玻璃杯中的水蒸发完之后，安迪就可以看见绳子的周围依附着糖的晶体。

安迪还做过另外一个和白糖有关的实验。他用一个小酒精炉给白糖加热，然后白糖就会融化、变色，并且还会有一股焦糖的味道。这些变化都让安迪为之深深着迷。

像这些简单的化学实验，安迪做过一次之后就再没了兴趣，于是他就继续跟随着自己的书去做更为复杂的实验。但也就在这个时候，安迪发现自己的化学实验出现了材料短缺的现象。

因为手里的书出版比较早，那个时候化学药品很容易就可以买到，所以在对实验材料进行描述时，作者总会提到"一般药房基本都有这种材料"。但是对安迪而言，好多时候连生活用品肥皂都买不到，就更别说其他的了。

所以，安迪每次出去购买化学药品的时候都祈祷着，希望自己需要的药品商店会有。但是更多时候，他会从药店跑到商店，再跑到化学品库房去寻找。每当安迪遇到自己需要的材料时，他总是恳求工作人员可以多给自己一点，次数多了，那些热心的人们也都认识了这个购买化学药品的小男孩，一般他们都会答应安迪的请求。

由于安迪每一次实验需要的材料都比较多，而每一家商店都无法拿出安迪需要的所有材料，所以安迪每一次的实验都需要很长的时间，而大多数时间都是用在了收集材料上。

有时候，安迪会将两种不同颜色的液体混合起来，然后看着它们会发生什么变化。安迪发现，不同液体混合之后发生的情况也各有不同。因为有些液体混合之后会变成蓝色，有些会变成紫色，更让安迪兴奋的是，会有些蒸发成白色粉末。

安迪深深地记住了自己做实验所发生的一切，但是他并不知道为什么会这样，直到他在上课的时候听到老师的讲解才明白，在那些表面现象之后发生着什么。安迪觉得，做实验对自己最大的帮助就是上课时学到的分子式，自己比别人记得更快，更牢。

这些化学实验中，有几个是安迪一直非常喜欢，而且重复做的。其中一个是安迪可以给棉花施加魔法，让它看上去没有变化，但是可以燃烧得不留丁点儿痕迹。安迪经常会在课后向自己的同学展示这个实验，同学们惊奇的目光让他扬扬得意，也让他以更大的热情投入到自己的化学实验中。

安迪也将自己实验的结果用在了自己的玩具中。他找来一根小金属管，然后将自己处理过的棉花塞到金属管的一端，在金属管的另一端放一个弹子，并且把这根金属管立起来固定好，确保有弹子的这一端朝上。当安迪在远处用导火索引燃棉花后，弹子就会"砰"的一声从金属管里射出来。安迪觉得这个十分有趣，而且感觉就像是自己制造出了大炮一样。

安迪常玩的另一个实验是一个可以制造出会爆炸的粉末的实验。安迪将这种粉末撒进自己用过的气枪子弹里，然后小心地用热蜡封好。安迪用这些自己制造的子弹射墙，当子弹碰到墙壁的时候，它就会立刻爆炸，而且伴随有轻微的爆炸声。虽然安迪觉得这些东西很好玩，但是他害怕会不小心伤到别人，所以安迪从来不将枪口对着别人。

这些实验都只是让安迪感觉很好玩，从来没有让他感觉到危险。但是，后来的一次实验不仅让安迪后怕不已，甚至引起了周围邻居的恐慌，那一次，安迪制造出的是真正的硝化甘油。硝化甘油是炸药的主要成分，因此安迪在决定做这个实验的时候，心中也忐忑不已。不过最后，他还是决定将这个实验进行下去，因为害怕父母知道后会阻止自己，安迪并没有同父母说这件事。

那天，在安迪父母上班离开家之后，安迪便开始严格按照书上所写的步骤去做，第一次失败了，接着又进行第二次，直到第三次安迪都想要放弃的时候，他发现自己实验的结果只从外表上看的话，似乎是成功了。制成的液体看起来很像书上说的硝化甘油，但是安迪觉得，只有通过验证才能知道自己的这个实验是否成功。

于是，安迪小心翼翼地将自己制作出来的这滴黄色液体放到一块金属板上，然后拿着锤子敲它。安迪非常紧张，他对即将发生的事情既期待又害怕，锤子与液体接触了，眼前一切依旧，并没有发生安迪期望的事情。安迪决定再敲一次，这次安迪加大了敲的力度，但是那滴液体仍是毫无反应。安迪继续加大力度，再次敲了上去，终于，期望的爆炸声响了，震耳欲聋的声音让安迪的耳朵都开始了鸣叫。当安迪终于从那爆炸声中平静下来之后，他才发现自己身上的衣服都已经被冷汗给打湿了。

那天晚上，安迪的父母回到家后，他们立即追问白天家里到底发生了什么事情。安迪知道，一定是那声音太响亮了，以至于周围习惯了安迪弄出声响的邻居都开始向安迪父母抱怨了。安迪父母一再叮嘱安迪以后不能这么冒险，不能再制作这么危险的东西，在得到安迪的保证之后，他们才准许他离开。

4. 为了大学，拼了

安迪总是带着非常明确的目标上路，他知道自己想要做什么。就这样，他在马达奇大学预科学校度过了三年，并且开始了第四年的学习。而这个时候，安迪开始思考，当自己从大学预科学校毕业之后，要做什么呢？最后，他得出一个答案——上大学。

对安迪而言，上大学就与那些技术工人分开了阶层，并且每年只需要在预备役服役一个月就可以了，而不是像其他人一样被征入步兵服役两年。安迪并不十分了解军队，但是父亲的经历让他对军队有着一种巨大的恐惧感，他不想同军队有太多的交集。

所以，四年级的学习生活将是关键的一年。当这个学年结束后，安迪将参加两个考试：大学预科的毕业考试和大学的入学考试。通过这两个考试才代表着拥有了进入大学的资格，而且进入大学还需要其他一些条件，比如说，家庭背景。

在当时，学生的家庭背景是大学录取的一个主要因素。大学根据家庭背景将考生分成了三类：第一类父母是工人或者共产党员；第二类父母来自农村；第三类父母是技术人员。当然还有一类"其他"，这个基本就不在大学的考虑范围之内了。

如果，大学真的就如此录取的话，对安迪而言，真的就没有一丝的希望了。因为他的父母无论怎么算都是会被划分到"其他"那一类的，所以，安迪想要上大学，这真的很难。

但是，安迪也想得很明白，他清楚地知道，自己对出身毫无能力，因为这早已是事实不可更改，他能做的，就是集中全部精力去复习自己的文化知识，目标仍然是上大学。为了圆自己的大学梦，他决定拼了。

安迪不间断地复习着在这四年中自己学过的数学、物理、化学、历史和文学知识。虽然偶尔他也会出去放松放松，甚至还在复习间隙里报名参加了一个皮艇俱乐部，但是这丝毫没有影响到安迪早已安排好的复习进度。

而最后的这一学年，就在安迪的复习中即将结束了，也就是说，那讨厌的毕业考试也就在眼前了，安迪必须抓紧一切时间去复习，他已经没有任何时间去放松了。

就在安迪在家复习的这段时间里，安迪还必须不时地为给自家粉刷公寓的工人腾地方。那名工人是在安迪参加毕业考试的前几周来的，之后的时间里，都是他陪着安迪待在公寓里。因为他粉刷的原因，安迪常常必须从一个房间挪到另一个房间才能学习。

那段时间，偶尔安迪看见那名忙碌的工人会觉得还是那名工人幸福，因为他的工作是有限的。安迪觉得，当那名工人将这间房子粉刷完之后，他的工作也就随之完成了。而安迪的复习，却从来都没有止境，完成一遍，他仍然得坚持着再来一遍，更要命的是，他需要复习的远远不止一科。

毕业考试进行得很轻松，大家只需要在听到喊自己的时候，进去同主考官进行交谈，回答问题，这样就可以了。轮到安迪的时候，他稍微有点儿紧张，但是他看到了主考官身后自己老师传递过来的鼓励，于是，他慢慢地放松下来。主考官问的都是安迪复习过的问题，所以，他也都非常轻松地回答了出来。

就这样，安迪成功地通过了毕业考试。

毕业考试完成之后，安迪的同班同学一起出去玩闹、聚会，但是安迪并没有参加他们的放松活动。安迪知道，自己还没有进入大学，还需要为之而努力。

在毕业考试结束后不久，安迪就应该参加大学入学考试了。入学考试的形式同毕业考试是一样的，也是几名教师组成一个问答小组，然后对考生进行口语测试。他们不仅问化学、物理、数学方面的问题，苏联历史和文学也在他们的问题之中。不过，这些安迪并不担心，因为他早已准备好了，他相信自己一定可以通过考试。令安迪放心不下的，仍然是自己的家庭背景，他觉得，大学会因为这个原因而将自己拒之门外。

安迪做着一切努力，希望自己可以被大学录取。本来他希望学化学，报考布达佩斯的化学班，但是他得到消息——化学班只招收20名学生。也就是说，如果安迪报考了这个，那么无论如何，他也别想进大学。于是安迪报考了自然科学系，他希望这样可以增加自己被录取的可能性。

除此之外，安迪还让父亲通过朋友给自己找了一份同化学实践有关的工作，他相信这样也可以增加自己进入大学的机会。安迪的这份工作每周需要上四天班，并且每天工作12个小时，但是为了大学，安迪硬是坚持了下来。

安迪和父亲都觉得，如果家庭背景真的如此重要的话，那么所做的这些肯定还不够，他们还需要继续想办法为安迪上大学增加筹码。

好运气就那么突然降临了。那天安迪同父亲沿着大街往回走，突然迎面走过来一个人同父亲打招呼，并且问道，为什么看起来愁眉苦脸的，这一点儿也不是他那乐天派的作风啊。居卡尔只好同他诉说了安迪想上大学的事情。那人"哈哈"一笑，拍拍胸脯说："这事，包在我身上了。"说完就走了。

安迪很好奇，他问父亲那人是谁。父亲告诉安迪，那是他在劳动大队的时候认识的一名队友，不过居卡尔也不知道，那名队友是不是真有办法可以让安迪进入大学。但那个时候，他们能做的，似乎也只剩下等待那个人的消息了。

安迪不知道父亲的那名队友做了什么，但是就在那个夏天即将结束，而安迪都快失望的时候，突然一张明信片寄到了安迪家里，明信片上写着，安迪被录取了。

那天安迪正好在家休息，他拿着明信片看了好久，感觉自己就像是在做梦。安迪用手指摸着明信片上的字，一次次地确定这是真的。他兴奋地叫了起来："我要上大学了，我要成为一名真正的化学师了！"

安迪觉得一切付出和努力都值了！

5. 表演哑剧

无论道路如何曲折，最终安迪来到了大学，并且进入了自己梦寐以求的化学系，安迪为这一切而感恩，他只能说，自己真的很幸运。

化学班如同传言那般，真的只有20名左右的学生。其中，男生占了三分之二，女生占三分之一。新生报到的那天，安迪发现班里的许多同学好像原先都是一所学校的，因为他们相互之间都很熟悉。像安迪这样孤零零一个人的，只有少数几个同学。这种感觉让安迪有些恐惧，他觉得四周都是陌生人，没有他认识的人，也没有人认识他。

当大学生活真正开始后，安迪才知道原来自己所在的化学系有着特定的讲课教室，而且教室就在学校里看上去最古老的那幢建筑里。安迪他们的教室非常大，门也显得特别厚重。每当安迪坐在教室里听着教授的讲解时，他就会觉得，这里是自己命中注定要来的地方。

当指导员进来让大家填表的时候，安迪悄悄瞥了一眼邻座，发现他姓佐尔坦，而且也像安迪一样，原先就读于布达佩斯的大学预科班。找到一个同自己有点儿相似的伙伴，这让安迪高兴起来。

在填表的空隙里，安迪同佐尔坦交谈起来。交谈过程中，安迪感觉到，佐尔坦有着很强的幽默感，而且他对事情也有着自己的见解。他可以在不经意间就引起安迪的兴趣，而安迪也非常享受同他聊天的过程，佐尔坦总是可以给安迪带来很多灵感。

佐尔坦并不是犹太人，而在认识他之前，安迪所有的密友都是犹太人，很显然，佐尔坦在认识安迪之前，他所有的密友都是非犹太人。佐尔坦有着过人的智慧和敏锐的洞察力，而且他不止一次表示，希望可以有时间去国外学习。安迪看得出来，佐尔坦并不只是说说而已，去国外真是他的一个梦想。

虽然安迪同佐尔坦之间的关系已经非常密切了，但是安迪总觉得，他们之间仍然有着隔阂，而这隔阂来自于犹太人与非犹太人的身份。有一天，当他们共同散步的时候，安迪忍不住问佐尔坦："兄弟，我的犹太人身份是不是给你带来了不便呢？"

佐尔坦瞥了安迪一眼，然后说道："你是不是臭犹太人，这和我有什么关系！"安迪很吃惊，因为佐尔坦竟然说出了"臭犹太人"，而一般只有那些恨不能杀尽犹太人的反犹太者才会这样说。

但是很快，安迪就镇静下来，他明白了佐尔坦的意思："嗯，也对，就像你是不是一个傻异族人，这和我又有什么关系。"

佐尔坦接着安迪的话说："对啊，既然我们都不属于正常人，那我们在一起交朋友，何必在乎太多呢？"然后他们相互看着对方哈哈大笑。安迪仿佛看到，原先的那道隔阂在这笑声中分崩离析。

虽然安迪他们化学班第一年的学习重点是无机化学，但是他们仍然需要上数学、物理和政治课。数学很简单，但在物理学习上，安迪遇到了麻烦。物理课没有正式课本，而且教物理课的教授声音也很小，以至于安迪坐在第一排都无法听清楚他说的是什么。

安迪觉得，这真是糟糕透了。毕竟物理是门很难的课程，现在不仅没有课本，而且老师的讲解自己还听不见。但是抱怨与放弃根本无济于事，安迪寻找着一切可以帮助自己解决问题的方法。

最后，安迪借来了佐尔坦和其他几位同学的物理笔记，从不同的观点开始整理自己的笔记。安迪不知道这样做会不会有效，但是这样至少可以让自己有了一个努力的方向。

虽然大学的学习十分紧张，但是安迪也并没有将所有的时间都放在学习上，他给自己留出一些时间，去听音乐会，甚至还选修了音乐课。不过，这个时候，安迪已经不再对自己成为一名歌剧家抱任何希望了。

几年前，安迪曾疯狂地迷恋歌剧，而且也认定自己是男中音，但是后来，当他报名参加一个民歌比赛的时候，合唱团的导演在安迪演唱中途就让他停了下来，这件事对安迪打击非常大，甚至在那之后的好几年里，安迪都再也没有唱歌的兴趣。

不过现在距离那件事已经有了好几年的时间，安迪觉得自己的嗓音已经变了，而且他感觉自己的嗓音比以前要好很多。于是，他选修了音乐课，希望可以证明自己在音乐上也是有天赋的。

安迪的努力没有白费，他和自己的伙伴花费很长时间排练了《唐璜》的第一场，并且在大学的班级晚会上演出，那一次，他们获得了大家的认可。就在晚会结束前，他们的实验课助教希尔达提出一个建议，希望大家可以在毕业班的传统演出中表演。虽然，从来没有大一学生参加过那个演出，不过大家还是立刻就同意了。

看着周围兴奋的同学，安迪突然有了一个想法，其实大家在化学实验室的经历完全可以排练一场哑剧啊。于是，他自告奋勇地承担了写剧本的重任。

安迪的剧本描写的，是他想象中在化学实验时各种化学元素的表现，班里的每一位同学代表一种化学元素。选择音乐的时候，佐尔坦提出由他来弹奏钢琴，并以经典的芭蕾舞曲伴奏。每一位同学都努力将自己扮演的化学元素对操作的反应表现出来，一切都如同安迪想象的那般发展，排演出来的哑剧让看过的人都乐不可支。

演出那天，安迪很紧张，他甚至不敢答应让父母去学校看自己的演出。当听到主持人喊自己名字的时候，毫无准备的安迪就那么匆忙地跑上舞台。看着台下那些期望的目光，安迪突然想清楚了，人们关注自己，是因为自己所讲的内容能够引起大家的兴趣，而不是自己这个人。于是，他镇定地向大家简单介绍了哑剧的剧情，然后就返回到后台，准备演出。

演出时，虽然大家都穿着相似的演出服，但是每个人都用一张卡片标识出自己代表的元素。台下的观众有许多是化学家，他们看着这带着化学色彩的哑剧哈哈大笑，不时给予雷鸣般的掌声。安迪和同学们的心终于放下了，他们知道，自己成功了。

6. 军训

那场成功的哑剧为安迪他们的大一生活画上了圆满的句号，接下来，就是他们享受自己进入大学后第一个暑假的时间了。那一年的暑假并不是十分令人满意。

安迪和他的几个朋友无意中参加了一个讨论会，参加那个讨论会的人很多，以至于发言者不得不挂起扬声器，希望这样可以让那些没有能够进入会场的人们听得清楚一些。

听着周围人的议论，安迪才知道，这个讨论会是由一些记者和作家共同组织起来的。他们希望通过这个讨论会，让人们知道更多被执政党隐瞒的事情。组织者一个接一个地讲述了他们在工作中被迫撒谎、歪曲事实的事情。他们说，是自己的不负责任误导了大家，或许大家本来应该可以比现在过得更好的。

虽然安迪并没有什么特别的感受，周围的人们却爆发出一阵儿又一阵儿的掌声。安迪忽然有种预感，或许自己正在见证历史上不同寻常的时刻。

在回家的路上，安迪突然由这次的讨论会想到了煮饭的高压锅。当高压锅内的蒸汽越多，它发生爆炸的可能性就越高。"或许，现在的社会上就正在产生蒸汽。"安迪在心里默默想道。但是很快，安迪就忘了这件事，因为他需要去军训了。

按照规定，大学生需要在每年的夏天到军营中进行最基础的训练，四年以后，大学毕业的他们就是预备役军官。于是，1956年的6月，安迪和班里的男生们一起前往军营报到，这是他们第一年的军训。

到达军营后，安迪和同学们每个人都领到一套军装。不过很快他们就发现这套军装并不合身，而且有些褪色。"有总比没有要好。"安迪这样安慰着自己。

迎接安迪他们的是一位身材瘦长的军士，他赤裸裸地表现出对这些大学生的蔑视。当大家集合起来之后，他大声地宣布："首先欢迎你们来到军营，但是这里不是享乐的小窝。做好吃苦的准备吧，我一定要将你们训练成真正的男子汉！"然后，他就解散了队伍。

但是安迪被他留了下来，接下来的几天里，安迪总是被这名军士命令去做各种琐碎的事情，比如洗餐具、扫厕所、帮助做饭等。安迪想，是不是自己有什么地方得罪了这位军士呢？可是，他始终找不到合适的答案。最后，他只能猜测到，或许是在军士训话的时候，自己始终盯着他看，而这种行为惹怒了军士。只有安迪因为害怕听不清楚而盯着军士，其他人都只是低着头，盯着自己的脚。

不过，好在几周之后，那位军士就放过了安迪，不再对他严加责难。安迪想，或许是时间久了，他感到无趣了吧，不管如何，不用再做那些琐碎的事情总是一件好事。

军士将安迪他们整个化学系编成一个排，在一起训练。主要训练一些队列、敬礼等，有时候，军士也会教他们一些轨迹图和公式，以便可以击中运动目标。安迪他们都觉得那些非常简单，因为物理课上已经学过了。那些计算方法，就如同常做的习题一样：看到闪电后开始计数，听到雷声后停止，然后开始计算打雷的地方离这里有多远。

在当时酷热的天气之下，军士教得很烦，而安迪他们由于需要反复学习也很烦，幸好这种学习不是每天训练的重点。

军士为安迪他们安排的训练重点是——装子弹。由于训练用的是二战时最常用的那种高射机枪，一个人无法完成所有操作。这个时候，安迪他们就需要两个人一组来合作：一个人负责拉开后膛，另一个人则负责装进子弹。但就是这样，也会有危险发生，拇指很有可能会在关上机枪的时候被夹住。因此，安迪他们集中注意力，小心翼翼地用心学着教官的动作，每次推子弹进机枪时就将拇指握在拳内。

军士也允许他们利用机枪练习了一两次瞄准，瞄准的对象是一架飞机模型。那架飞机模型被一根线吊着，就在机枪的射程内来回晃动。但是安迪他们从来就没能真正瞄准它，安迪觉得这种枪根本就不可能瞄准飞机，更别说打中了。

虽然安迪他们一直在练习给高射机枪装子弹，但是他们从来没有能够真正用它射击过。不过，在一群男孩的期盼下，军士终于给他们安排了一次射击训练。虽然用的仅仅是步枪，而且每人限制三发子弹，但是对于这些从小就渴望打枪的男孩们仍然有着无穷的诱惑。而安迪小时候玩气枪的经验起了作用，在打靶射击这一项上他取得了不错的成绩。

在军营里，当不需要排练队列，没有学习安排，也不再练习装弹的时候，安迪他们就感到了那无边无际的枯燥。这时，他们就会拖一张毯子出来，然后一群人躲到树荫下聊天，或者玩二十问游戏，要不就是盯着那些训练举重的士兵发呆。

随着时间一天天过去，安迪他们也感到越来越无聊，他们在一起讨论、计算着还有多少天才可以重获自由。但让他们绝望的是，并没有人告诉他们确切的军训截止日期。随着开学日期的逼近，军营里开始有了各种传言。

有人说，因为大家训练不积极，所以军士惩罚他们再多训练三天；又有人说，因为大家犯了错误，所以军士不准他们离开，要他们在军营再多待五天……

终于，安迪他们得到了军训结束的消息。大家被授予下士军衔，然后军士告诉他们，大家自由了。

安迪没有同其他人一起去疯玩庆祝，他直接回了家，他觉得，那里才应该是自己最先去的地方。

第五章　离开匈牙利

1. 苏联入侵

暑假结束了，安迪又回到了学校。虽然暑假也有一个多月的时间同自己班级的同学待在一起，但是，安迪看到他们脱下军装的样子仍然感觉很亲切。

大学第二年的课程正式开始了，大体上的安排同第一年一样，只不过这一年的重点变成了有机化学。大家都说这门课程十分难学，但是安迪觉得它非常有趣，他对这门课充满了期待。

也就是在这一年，校园外发生了许多事情。初夏的时候，安迪就曾听说，德国发生了反政府暴动，但是被镇压了，还有波兰也发生了类似的游行，同样也被镇压了。然后到了10月份，安迪就听到有消息说，有人正在组织匈牙利人民游行，这些人希望借此表示对波兰人民向往自由的支持。

1956年10月23日，安迪还记得就在这一天，游行开始了。那天中午，安迪和几个同学在去食堂吃饭的路上遇到许多激动的学生，这些学生见人就问："你打算去游行吗？"原本很短的路程，他们那天却走了很长时间。

简单地吃了点东西后，安迪和那几个同学决定不回教室，而是去参加游行。当他们站在游行的队伍中，随着人流前行时，他们才知道，游行的路线是从裴多菲·山陀尔塑像出发，然后到达约瑟夫·贝姆的雕像前停止。

约瑟夫·贝姆是19世纪的波兰将军，匈牙利人民一直将他当作朋友尊敬着，他是1848年匈牙利反抗战争中革命者的支持者，而裴多菲·山陀尔则在那次的反抗战争中牺牲了。安迪他们的队伍在前进过程中不断地壮大，就如同向前奔涌的江河，总会不断有着溪流汇入。刚开始的时候，游行的只是学生，但是到后来，社会的各阶层人都加入了进来。

随着加入进来的人越来越多，安迪发现自己和同学们被挤散了。接下来，安迪发现了让自己目瞪口呆的事情：有个人突然展开一面国旗，这面国旗中间被掏出一个洞。接着，越来越多这样的国旗出现在游行人们的周围。安迪隐隐约约感觉有些不对劲了，他想要退出游行队伍，但是处于人群中的他，根本就挤不出去。

后来，安迪发现前面的人群有了一阵骚动，而且整个队伍也改变了前行方向。在吵吵嚷嚷的人群中，安迪听到队伍好像是准备去往广播电台的方向。

广播电台的方向正好在安迪回家的路上，有些害怕的安迪决定立即回家。因为他感觉到这游行已经不再像是声援波兰的活动了。安迪费了好大的力气才从人群中挤出来，他没有停留，直接往家赶去。

第二天，当安迪和父母走出家门之后，他们听大街上陌生人的聊天才知道，原来昨天竟然发生了枪战，就在这时，他们忽然听到了远处不时传来枪声。于是，他们决定返回家中，不再出去。而后通过家里的电话和许多朋友们的交谈，安迪又得到一个消息：第二天仍然会有一场游行。

第二天早上一起床，安迪就站到窗前向外看，他发现电车已经停运了，人行道上挤满了人。中午的时候，有好多敞篷卡车拉着满满一车人向市中心的方向开了过去。几个小时后，这些卡车却载着一车的伤员返回安迪家附近的医院。安迪不知道究竟发生了什么事情，他只是听说，有警察看见游行的队伍过于庞大无法制止，于是向游行的人群开了枪，许多人被打伤了，但安迪无从分辨这是不是真相。

每一天早晨，当安迪醒来后，他都会想：今天又会发生什么事情呢？就这样，大家在恐慌中度过了一周。而后，生活又逐渐恢复了正常。唯一的变动，似乎就是伊姆雷·纳吉又成了总理，领导着新政府。而通过收音机，安迪他们开始了解到，原来世界各地也正在关注匈牙利政权的变动。

无论如何，生活终于平静了下来。"如果就这样将平静的生活继续下去，似乎也不错。"安迪常常会这样想。但是，有一天黎明时分，安迪却被一种像是两块厚木板撞在一起的声音惊醒了，安迪想了一会儿终于明白了，这种熟悉的声音和11年前苏联大炮开火的声音一模一样。通过收音机里纳吉的讲话，安迪才知道：苏联人打过来了。

安迪再也睡不着了，他害怕曾经躲藏的历史会被重演。突然，安迪听到街上传来一阵奇怪的声音，这种声音他从来没有听到过。于是，他推开自己小房间的窗户，立刻就被外面的情景吓呆了。

安迪看到自己家的楼前停了一辆全副武装的车，那辆车就像是没有盖的坦克一样。而苏联兵就躲在车里，他们移动着机枪指向大楼的各个方向。有一挺机枪突然转到了安迪所在的这扇窗户。安迪死死地站在那儿，一下儿都不敢动，他觉得似乎那挺机枪停止了转动，就那么将枪口对准了自己。

后来，那挺机枪终于转到了其他方向，安迪好像听到他们用俄语喊了几句，然后就开着车离开了。安迪这才一下子缓过神来，他赶紧跑到父母的房间，用颤抖的声音和他们说了刚刚发生的事情，于是安迪父母决定立刻搬到地下室去住。

那个时候，防空掩体已经被拆除了。因此周围所有的住户都不得不在煤仓里安顿下来。每隔一段时间，就会有人悄悄地上去探听消息，但是这基本无济于事，大家都显得如此恐慌与无助。

后来，有人在听收音机的时候得知，伊姆雷·纳吉的新政府被苏联人推翻了，卡达尔·亚诺什·卡达尔取代了他。报道声称，匈牙利的反革命失败了，城市即将恢复正常秩序。但是在城市里仍然不时地响起枪炮声，因此安迪他们也不敢离开家。幸好电话还可以用，他们借此同自己有电话的亲友联系，得到了许多外面新的消息。

这种情况又持续了一段时间，然后电车重新开始运营，安迪的父母也接到了上班的通知。但是大学仍然没有开学。于是，安迪每天继续待在家中，要不就是出去买点食物。他竭力同每一位可以联系的人保持着联系，希望借此可以知道更多关于市内的消息。

2. 逃出匈牙利

渐渐地，安迪听到的话语中多了逃出匈牙利的语句。与此同时，安迪的父母也开始同安迪谈论这个问题。安迪对这个话题很感兴趣，同时他也非常担心，因为如果自己离开的话将无法预知下次与父母相见的时间。安迪犹豫了。

这种情况因曼奇的到来有了转机。那是十月初的一个下午，安迪正在看书，曼奇来了。曼奇看上去十分激动，她没有任何寒暄，非常直接地对安迪说："安迪，你必须离开匈牙利。"

看到安迪吃惊的样子，她马上又重复了一遍："安迪，你必须离开，而且马上就出发。"

曼奇冷静下来后道出了原委，原来就在当天她买好东西准备回家的路上，她看见苏联士兵不分青红皂白地将一群匈牙利年轻人押上了卡车，抓走了。

其实，这种事情早就已经不新鲜了，安迪也听到过很多次这样的事情，但这是安迪第一次从自己熟悉的人嘴里听说。安迪从来没有想到过，危险会离自己如此之近。安迪知道曼奇从来都不是咋咋呼呼的女人，她是不会夸大其词的。因此，安迪决定离开匈牙利前往美国。

于是，曼奇为安迪制定了逃离计划：首先，安迪到火车站同曼奇一个朋友的女儿安格拉会合，然后，他们一起坐火车去松博特海伊（距离奥地利边界只有15英里的一个小镇）曼奇告诉安迪到达那里后，会有安格拉家人的朋友为他们安排接下来的路线。

安迪打电话给扬奇，希望他可以同自己一起离开，扬奇毫不犹豫地答应了。

安迪就要离开匈牙利了，这天晚上他默默地收拾着自己的东西，他和父母都一直沉默着，他们不知道，这次离别之后，还有没有再次见面的机会。

第二天，扬奇早早地来到了安迪家，安迪穿上了自己最厚的衣服，简简单单地带了几件换洗的内衣，带着家里所有的现金，然后所有人一起下楼。安迪和扬奇去火车站，安迪的父母去上班。

他们在街角说着再见，假装像平日一样只是普普通通的一天，甚至不敢有一丁点儿的悲伤流露出来。安迪和扬奇转过身向火车站走去，安迪不敢回头，他怕惹母亲流泪，也怕自己会忍不住哭出来，而如果这么做的话，或许自己就不愿再离开。这样会导致更大的麻烦。

安迪和扬奇在火车站与安格拉会合后才去买票。当他们向列车走去的时候，都在忐忑的心中默默编造着借口，希望当有人盘问自己的时候，自己能够有一个合理解释。然而，当他们到达站台后，他们发现自己的担心完全是多余的。因为每一个乘车的人都是如此的相似：厚厚的冬装，去往乡下，而且大家都是城里人。

刚上火车的时候，所有人都非常警惕，相互之间没有一点儿交谈。但是随着火车前行，人们互相开始有了一些沟通。安迪和一名同龄女子交谈起来，那名女子告诉安迪，她已经同列车长谈好了，他们可以给列车长一些钱，然后列车长就会带他们去松博特海伊。但是那名女子担心的是，她自己并没有落脚的地方，也不知道接下来要如何走，而这恰恰是安迪他们知道的。于是，他们四人决定一起去找列车长。

到达松博特海伊后，天已经黑了。列车长带着安迪他们四个人向列车的另一端走去，他们在另一个站台，远离了同行的乘客。当四周没人的时候，列车长才悄悄告诉他们，在主通道口都有检查证件的士兵，因此他们需要走另一个通道。

安迪也不知道自己跟着列车长到底走过了多少个后门和废弃通道，突然他发现已经从车站走出来了。他们面前是一条黑暗的街道，列车长指给安迪他们前行的方向，他说他会在背后跟着他们的，当需要拐弯时，他就会通知他们。虽然安迪他们四个人对这个安排不满意，但是列车长坚持要如此，他们只好听从了列车长的安排。但是走了一段路之后，列车长就消失了。

当时已经晚上7点半了，而8点就是宵禁的时间，安迪他们四个人不敢再继续等那名消失的列车长，他们只好向路过的行人打听自己要找的那个地方，幸好，这位行人知道他们说的地方。在为他们指明了方向之后，那个人就急匆匆地离去了，安迪他们也匆忙赶向目的地。

晚上8点钟的时候，安迪他们终于找到了目的地，开门的是位中年妇女。那位妇女同安格拉交谈几句之后，看了看外面，然后将他们四个迅速拉进屋子，紧紧地关上了门。她为四个年轻人准备好晚餐，又给了他们几条毛毯，然后告诉他们第二天会给他们找个向导，让他们不要担心。

第二天天刚亮的时候，那位妇女就带着他们出发了，她说要带他们去找一位亲戚，那个亲戚是名铁路工程师，对这一地区非常熟悉。找到那位亲戚后，安迪他们并没有得到一位向导，但是好在那位工程师给他们指明了下一步的路线。当他们几个记熟工程师所说的村庄的名字后，就和那位妇女以及工程师告辞出发了。

安迪他们是抄小路前行的，因为工程师提醒过他们，说大路上会不时有巡逻的苏联军队。小路路况很差，没过多久，安迪他们的裤脚就被溅起的泥巴给沾满了。但是，他们没有一个人抱怨，他们需要在到达一个村庄后继续打听去往下一个村庄的路，然后继续前行。就这样，到了下午3点的时候，他们终于到达了工程师说的最后一个村庄。

天已经开始变暗了，他们向着他们认为是西的方向走去。不过，从一个小树林里穿出来之后，他们发现，不仅没有到达要穿越的边境，反而好像迷路了。还好，他们看见前面农田里有个男人在犁地，于是，他们只好再次前去打听路线。但那个男人并没有立即指给他们路线，而是让他们先到他住的房子里去等，他们只好听从了他的安排。

在那间房子里，那个男人告诉安迪他们，他可以给他们带路，但是需要他们支付相应的酬金。四个人面面相觑，不过在那个时候，貌似也没有更好的办法，他们只好答应了他的条件。

他们是在半夜的时候出发的，那个男人像当初那位列车长那样跟在他们身后指引着方向。虽然四个人表示过不满，但是那个男人坚持要如此，安迪他们只好妥协。好在那个男人并没有像那位列车长一样消失。在黑夜中，他指引他们到达一片灯光之前，他指着那些灯光告诉安迪他们："向着那些灯光走，你们就能到达奥地利了，我只能送你们到这里，祝你们好运。"然后他就离开了。

四个人磕磕绊绊地向着灯光跋涉，当他们终于接近灯光的时候，突然黑暗中传来一阵狗吠，然后一个人从屋里走了出来，手里举着一盏煤油灯。看见安迪他们后，他咧开嘴笑了起来："年轻人，欢迎来到奥地利！"

3. 在奥地利的日子

安迪他们并没有在那个人家里待很久，因为很快就有巡逻的奥地利警察过来，将安迪他们带到了村子的学校里。通过简单的交谈之后，安迪明白了，警察是希望他们几个可以在学校待到天亮。

那所学校里没有暖气，没有床，也没有毯子，只是在教室的地上铺了层稻草。安迪在睡了两个小时之后，被冻醒了。他对那些警察的态度还有即将完成的手续表示怀疑，现在他只想到达维也纳，找父亲的那个贸易伙伴，希望可以从他那里得到帮助。这时，安迪发现扬奇也醒了，于是他俩一起悄悄离开了学校。

离开那所学校之后，安迪和扬奇就去寻找安迪父亲的那个贸易伙伴。在寻找过程中，安迪和扬奇了解到，像自己这样的难民可以申请取得灰卡，有了灰卡的话，他们乘坐电车是不要钱的。不过，让安迪和扬奇庆幸的是，虽然他们现在并没有灰卡，但是他们这一路走来，大家对他们都非常照顾，并没有遇到刻意为难他们的人。

当安迪和扬奇找到安迪父亲的那个贸易伙伴之后，那个人的态度并没有想象中的那么热情。看上去他非常不情愿，但他还是给安迪和扬奇提供了很多帮助：他帮他们安排了住处，告诉了他们应当如何取得灰卡，还告诉了他们一些难民组织。然后他就离开了。

经过了两天两夜的跋涉，他们早已疲惫不堪，安迪仍然坚持着将自己那满是泥巴的衣服洗干净，然后又洗了个澡，才美美地躺到床上。安迪甚至希望，自己可以在这样的房间里住下去，然后上大学。

第二天，安迪一睁开眼睛时，他就明白了，那个愿望就像是一场梦，而梦终究都是会醒来的，他仍然必须去面对残酷的现实，去为自己的未来而争取、而努力。

安迪面临的第一个问题就是灰卡。灰卡是奥地利政府特意为像安迪这样的难民而制作的身份证件，难民可以凭此卡免费乘坐电车，这对安迪而言是至关重要的。领取灰卡的程序非常简单，甚至都不需要什么证明材料。或许，对颁发灰卡的工作人员来说，那些沾满了泥巴的衣服，就足以代表难民的身份了。

取得灰卡后，安迪开始四处寻找难民组织，他在每一个难民组织那里都进行了登记。这些办事处在维也纳市非常分散，但是安迪学过英语，而且也会点儿德语，他很轻易地就打听到了各个办事处的位置。

正因为安迪去过的难民组织比较多，所以他也得到了很多赞助的东西，有食品代币券、有化妆品和旧衣服、甚至还有住宿券。安迪也借着住宿券住到了一间大学生宿舍里，其实这个宿舍是一幢两层楼改建，现在特意为难民提供的。虽然一个房间里挤了12个人，但是安迪还是感到非常开心，毕竟现在是住宿地方十分短缺的时候。

安迪终于有了一个暂时还算稳定的住处，于是，他第一时间里给父母和伦克姐姐发了电报。他给父母报过平安后，就开始考虑要如何向伦克求助。因为从来没有见过伦克，所以安迪有些迟疑。但是想想这些天在奥地利各处见到的匈牙利难民长长的队伍，他明白，自己已经没有了别的办法。

在给伦克发电报的时候，安迪将维克托（居卡尔小时候的玩伴）的地址留了下来，那是安迪唯一能够可以作为回复地址的地方。不过为了确保万无一失，安迪决定登门拜访维克托夫妇，希望可以帮自己这个忙。

安迪是在星期五晚上找到维克托家的。维克托一家并没有对安迪的贸然造访表现出任何惊诧。维克托说，自从他在街上看到那么多匈牙利难民之后，他早就已经做好接待安迪的准备了。在经历过安迪父亲那个贸易伙伴的接待之后，能够听到这样温暖的话语，安迪只感觉心里暖暖的，眼睛也有些湿润了。

那天晚上，维克托一家还为安迪准备了一顿纯正的匈牙利大餐。这是自匈牙利事件之后，安迪吃到的第一顿家庭美食。饭后，安迪还尝到了橘子和香蕉，安迪只吃过两次橘子，他非常喜欢它们的味道；而香蕉，安迪则从来没有吃过，不过当尝过之后，他立刻就喜欢上了这种水果。安迪想，无论如何，自己已经有了一个好的开始。

扬奇已经联系上自己的美国亲戚，并且得到了资助，他正在加快办理自己前往美国的手续，同安迪已经分开了。也就是说，以后安迪将一个人生活。

虽然身旁没有了熟悉的伙伴，但是安迪的空闲时间仍然过得丰富多彩。他在这个城市里四处游览，有时候也去歌剧院买张最便宜的站票欣赏歌剧。当安迪感觉累的时候，他就会到维克托家去，安迪已经将那里当成了自己在奥地利的家，而维克托一家人就像是安迪的家人一样。终于有一天，当安迪去维克托家的时候，他收到了伦克的电报。伦克热情地回复了安迪的请求，她说她那里已经做好了一切准备，就等着安迪前往了。

安迪放心了，他知道，现在自己只需要想办法到达美国就可以了。于是，他每天更加频繁地出去寻找一切可以前往美国的途径。终于，他遇到了一个机会。

那天，安迪从外面回到旅馆后发现，旅馆的布告栏有一个通知，说第二天会有难民组织来会见想到美国的难民，安迪赶紧给自己报了名。

然而，会见非常简单，谈话的小组是几个与安迪年龄相仿的美国人。虽然他们对安迪可以流利地讲英语非常满意，但是他们又觉得安迪因没有参加过战斗而有所欠缺，于是，草草地结束了会见，告诉安迪说第二天通知结果。

但是第二天，当安迪从外面回到旅馆的时候，周围人告诉他，谈话小组已经离开了，而被选中的人之中，没有安迪的名字。安迪一下子就蒙了，但他马上又反应过来，自己不能就这样放弃。于是，他问明谈话小组的去向之后就急急忙忙地追了过去。

当安迪找到谈话小组的时候，他们正在另一所学校同那里的人们谈话。安迪没有等待，他抢在一个难民之前走进了谈话的房间。这时，安迪注意到，谈话小组的人员已经不是自己昨天见到的那几个成员，他们茫然地望着冲进来的安迪，不知道究竟发生了什么事情。安迪擦了擦脸上的汗水，然后用英语飞快地叙述着昨天发生的事情，并且恳切地提出，他非常想去美国，而且他相信自己有去美国的资格。

听完安迪的诉说之后，谈话小组的成员对视一眼，然后其中一个开口说："恭喜你，你的激情和口才为你赢得了去美国的机会！"

那一刻，安迪激动极了，他真想给谈话小组的每一位组员一个紧紧的拥抱。

4. 前往美国

得到前往美国的资格之后，安迪就搬到了一家新旅店。在这家旅店里，安迪见到了其他80名同样得到资助的人。他们都在填写着一系列的表格，然后一起去体检、照相，接下来就是等待着工作人员通知他们前往美国的具体时间。

等待的日子里似乎就连空气中都充满了莫名的烦躁。安迪一遍遍地叠着自己的衣服，要不就是去拜访维克托，他还将自己身上的钱都换成了美元。看着行李，安迪知道，自己已经做好了随时出发的准备。

通知终于到了，一同被公布的还有前往美国的路线：大家需要乘坐火车先去德国，然后乘船去美国。虽然这行程需要很长的时间，但是安迪仍然感到非常兴奋，自己终于要踏上前往美国的旅程了。

第二天一大早，安迪就和其他前往美国的匈牙利难民一起搭乘早已准备好的汽车前往火车站。上了火车之后，安迪找了一张在中间的床铺躺了下来，他真希望，当自己一觉醒来之后就到了乘船的时间。

安迪能够感觉到火车前进的速度很快，同时他也知道，路途非常遥远，这就意味着，他将不得不在火车上待很长时间。但火车上枯燥的生活并没有让安迪特别难过。只是，当火车在某个车站停车后，有几个穿着德国国防军制服的军官走上来开始检查安迪他们的证件，看着那与可怕的记忆中相差无几的制服，安迪感到非常紧张，尽管这些军官表现得都非常友好，并且非常有礼貌。他这才知道，原来火车已经到了德国境内。

安迪紧张的情绪在看到德国的欢迎者之后才渐渐消失，这些欢迎者是安迪的同龄人，他们给安迪这些难民提供了许多食物和饮料。看着他们脸上真挚的笑容，捧着手上香喷喷的蛋糕和可口的饮料，安迪觉得一直以来自己对德国人的偏见有了改观。

虽然这些欢迎者都非常友善，但是这里只是安迪和同伴路过的一个站点，他们并不会在这里停留很长时间。短暂的欢庆之后，安迪他们又乘坐火车踏上了前进的道路。看着窗外倒退的景物，安迪突然觉得，自己似乎在同以往的经历告别，同那些充满苦难、充满艰辛的日子告别。想着想着，一阵困意袭来，安迪不禁又沉沉地睡了过去。

当安迪被同伴叫醒的时候，他发现火车已经停了，窗外是一个港口，而且不远处就停着一艘名叫"Ｗ·Ｇ·哈恩将军"的船。虽然那只是一艘极其普通的船，但是安迪仍然感到非常幸福，因为他知道，这艘灰色的船将会把自己送到美国。

安迪和同伴们都带着行李下了火车，他们排成一个长队向船走去。在他们的周围，一个军乐队正在演奏着匈牙利国歌，以往庄重严肃的国歌在安迪听来却像是一首快乐轻盈的欢送曲。

登船的队伍很长，大家都在缓慢而有序地前进着，安迪转过头向后看去，送他来的火车已经远去了，远处街道上开始有清洁工人出来，新的一天即将开始。虽然早已看不到曾经生长的熟悉城市，不过听着耳畔那熟悉的国歌，安迪突然产生了一丝留恋，他在心中默默地说道："再见了，我的家乡。"

登上船之后，每个人都被编了个数字号码，重新登记后，他们就进入船内自由选择床铺了。说是床铺，其实就是一个个的小吊床，人躺上面都无法坐起来，这样的好处就是船内可以容纳更多的人。

安迪找了一张偏下的吊床就躺了上去等待着船起航。他知道，当船再次停止的时候，自己就到达美国了。

当所有人都登上船，进入到船内的时候，已经是下午时分了。当船员大声通知说，船即将起航的时候，又有许多人跑到甲板上，他们看着自己曾经生活的大陆慢慢地消失在眼前，有的人眼睛湿了，但是，大家谁也没有说话，只是默默地望着那个方向，就那么一直望着……

船离开港口之后，越行越快。渐渐地，大家都感觉到了船在左右摇晃，因为安迪曾经参加过皮艇比赛的缘故，他很快就适应了这种摇晃。但是有些人无法适应，有的人跑到甲板上，紧紧地抓住栏杆，对着大海剧烈地呕吐，有的人则蜷缩在吊床上，一脸的痛苦表情。

就在这种每时每刻都存在的摇晃中，安迪静静地躺在吊床上，很快就进入了梦乡。但是安迪的这种舒适感并没有能够持续下去。

因为随着船晃动得越来越厉害，有越来越多的人不适应了，后来甚至整个船内都弥漫着一种呕吐物的味道，安迪实在无法忍受船舱里这种难闻的气味，他只好将自己裹得严严实实的，然后每天都待在甲板上，要不就在船上漫步。

后来，船员们见到安迪反应不大，而且又会一些英语，就给了他一顶上面带有宪兵字样的帽子，让他同船员们换岗，守着船员区。安迪非常乐意地接受了这个工作，这样的话，他就可以光明正大地待在船员室，而不用再回那个充满难闻气味的船舱了。而且，安迪同船员们用英语交谈的次数也开始多了起来，他的英语水平也在不断提高。

终于，在海上航行有两周的时间之后，船员们通知说，就要到达美国了，请大家做好登陆的准备。安迪站在甲板上，远远地望着那模模糊糊的轮廓，心中激动不已：那就是美国吗，自己真的就要到达美国了吗？安迪突然感到一阵儿害怕，他好怕这只是自己的一场梦。好在身旁那些同样激动的人群还有耳畔轰鸣的汽笛声，都告诉着安迪这一切都是真的。

"美国，我终于到了美国啦！"安迪兴奋地喊叫着。

5. 终于见到亲人了

或许是因为对美国的期望太高了，当安迪同其他难民一起走下轮船，踏上美国的土地之时，他对美国的第一印象并不是很好。

难民们一起带着各自的行李，在海关人员的指导下，排队走下船，然后将各自的行李放到一个传送带上，等待着海关人员的检查。安迪知道，他们主要是检查匈牙利腊肠，因为他们在匈牙利的时候就曾听说，在美国，这种腊肠非常受欢迎。因此，大家都希望可以依靠这腊肠挣得自己的第一桶金。

不过，可惜的是，海关人员严格地检查着大家的行李，然后将里面藏着的腊肠全部都搜出来并没收了。虽然大家有些沮丧，但是也没有人对此提出抗议，毕竟如果没有对方资助的话，自己也不可能来到美国。

自从安迪跟随难民们下了船之后，他并没有见到任何普通美国公民，他见到的只是海关的工作人员和整整齐齐排列在道路两侧的大客车。而这些都让安迪感觉非常不好。

终于，当安迪和身旁的难民们通过检查之后，他们被告知，大家将会被带到基尔默营，在那里休息。虽然大家对美国的了解都不多，但是基尔默营大家还是知道的，那里曾经关押过战犯，而现在却让住那里，这一点让大家都有些不满，却又无计可施。

当大家在前往基尔默营的大客车上往外看时，道路两旁只能看见灰色的沼泽地。大家都从刚开始到达美国的那种欣喜心情中清醒过来，安安静静地坐在座位上，每个人的脸上都露出失望的神情。

安迪也在静静地坐着，他不敢相信，眼前看到的这些，真的就是自己曾经向往的美国吗？可是，自己看到的为什么和匈牙利政府曾经的宣传一模一样？接着，安迪又开始思索，美国的每一个地方都是如此，还是就这么一个地方是这个样子呢？

客车在大家的思索中慢慢地停了下来，基尔默营到了。虽然大家对这个营地有些意见，不过由于已经在船上颠簸了两周多的时间，所以，当大家看到宽敞的帐篷中那结实的床之后，每个人的心情也都慢慢地变得好了起来。

接下来的几天中，安迪和难民们一起被告知，他们还需要办理各种各样的手续，当这些手续办理齐全之后，就可以自由地离开了。安迪希望自己可以找到一部电话，给伦克姐姐打电话，让他们来接自己。安迪猜想，如果那样的话，或许自己就可以更早地离开这个营地了。

终于，安迪找到个打电话的机会，当他给伦克家打过去电话时，是她的丈夫拉约什接的电话。安迪听得出来，接到自己电话的拉约什非常兴奋，他问清楚安迪目前所在的地方之后说让安迪在营地继续待着，他第二天就过来。

等待的时间总是过得很慢，仿佛每一分每一秒都被无限拉长了。安迪在营地中来来回回地走着，他不知道自己在接下来的时间要做些什么。最后，他强迫自己躺到床上，但还是兴奋得很长时间都没睡着。

第二天，安迪很早就醒了，他希望拉约什可以直接把自己带离这儿。于是，吃过早餐之后，安迪就在营地口最明显的地方等待着拉约什的到来。虽然仅仅看过拉约什一家的照片，但是，当他们到来之后，安迪还是一眼就认出了他们就是自己在等待的人。

拉约什是带着儿子保罗一起来的，他们看见安迪之后也非常兴奋。保罗还冲上来给了安迪一个紧紧的拥抱，安迪也紧紧地抱着保罗，心底一片温暖，眼角也有些湿润了。一个人在外面漂泊了这么长时间，终于又见到亲人了，这种感觉，真好。

激动过后，拉约什告诉安迪，他已经帮安迪安排好了读书的地方，现在他们需要做的就是去问问营地的负责人，看安迪什么时候可以离开。

营地的负责人非常友善，他热情地接待了安迪和拉约什父子，他们交谈过之后，那位负责人表示，安迪已经找到了在美国的监护人，而且在营地期间安迪表现得也非常好，因此他可以随时离开。不过，安迪还需要办理一些离开的手续，因此，那位负责人建议第二天再离开，安迪他们同意了。

于是，安迪在营地待了最后一个晚上，第二天，拉约什就将安迪带回了家，他安排安迪同保罗住在一起。然后，拉约什让安迪先去洗澡，他则忙着为安迪准备食物。

就在安迪舒舒服服地泡澡时，他听到电话响了，拉约什接起电话用匈牙利语交谈着，当安迪正在猜对方是不是自己熟悉的人时，只听拉约什喊道："安迪，快来，你父母打电话过来了。"

安迪慌慌张张地擦了几下儿身子，随便裹了个浴巾就冲出了浴室，接过话筒，就听见那边自己的父亲和母亲异常激动的声音，他们语无伦次，使安迪一时无法明白他们说了什么。而安迪握着话筒，听着话筒中传出的自己最熟悉的声音，也激动地哽咽着说不出话来。

过了一会儿，安迪和父母终于平静了下来，安迪向他们说了一些这段时间以来经历的事情，他反复向他们表明，说自己现在很健康，也很安全，而安迪的父母也向安迪表示他们生活得也很好，并没有什么危险，让安迪放心。双方又聊了聊生活的琐事后才恋恋不舍地放下了话筒。

晚上，当安迪舒舒服服地躺在床上的时候，他终于确信：自己真的已经到达美国了。

第六章　踏实幸福的新生活

1. 曲折的上学路

当第二天安迪起床后，他发现拉约什仍然在家，而且没有丝毫去上班的意思。当安迪问起时，拉约什说，今天他将带着安迪出去买衣服，因此他又请假了，不需要去上班。

于是，吃过早餐后，安迪同拉约什就出了家门。拉约什同安迪边走边聊，他告诉安迪，他们需要乘坐地铁到伦克所在的商城，那里的东西比较齐全，而且现在这个时间，正好有许多商店都在处理商品，商品的价格也不是很高。

当安迪在拉约什的带领下走出地铁站时，他立刻就被眼前的摩天大楼惊呆了。环顾四周之后，他马上发现，自己的周围几乎都是这样的高楼大厦。这一刻，安迪终于找到了自己想象中的美国的影子。

在拉约什的带领下，安迪很容易就买到了合身而且实惠的衣服。拉约什又带着安迪随便逛了一会儿，然后才返回去。

当伦克家只剩安迪一个人时，无聊的安迪开始翻看家里堆着的报纸，在那些报纸的角落中刊登着一些招聘广告，安迪发现，自己选的这个专业找工作还是非常容易的，因此安迪开始期盼自己能够早日重新读书，他希望自己可以在学校学到更多的东西，然后尽快开始打工挣钱，这样的话，他就可以早日将父母接过来了。

毕竟匈牙利的局势总是让人非常担心，虽然每次打电话和写信的时候，安迪的父母总是告诉安迪说，他们很好，没有危险，但是安迪仍然感到十分不安。他希望可以通过自己的努力，将父母带离危险的匈牙利。

于是，安迪开始央求拉约什，让自己可以尽早去学校学习。拉约什希望安迪在经历过这么长时间的旅途之后，可以享受一下放松休闲的生活，但是最后他实在经不起安迪的软磨硬泡，答应了替安迪去约见布鲁克林大学的化学系主任。

安迪同化学系主任的谈话进行得很顺利，主任很快就安排安迪进行入学测试，然后再决定安排安迪去哪个班级。让主任没有想到的是，安迪的化学成绩非常好，按照主任的看法，安迪只需要再对英语、文学以及政治等其他课程稍微加强就可以了。如果真是这样的话，那么安迪只需要一年多的时间就可以毕业，然后踏上工作岗位了。

虽然安迪为能够在如此短的时间内毕业而感到兴奋，但是他也对此感到非常怀疑，难道凭借自己现在所了解的化学知识真的已经达到可以工作的水平了吗？于是，安迪向主任说出了自己的疑虑，请求主任帮助他拿个主意。

主任认真考虑之后对安迪说："既然你想多学一些有关化学科技方面的知识，那就去布鲁克林理工学院看看吧。或许，那里会有一些适合你的课程。"然后，主任又帮安迪开了一张证明，安迪表示感谢之后就离开了。

安迪走出主任的办公室之后就去找拉约什，他向拉约什详细说明了情况，然后向拉约什保证，说自己一定可以将事情解决的，请拉约什不要担心，然后安迪就急忙地向布鲁克林理工学院赶去。

然而，事情并没有想象中的那么简单。安迪好不容易才找到布鲁克林理工学院，而在入学处同坐在那儿的负责人交谈之后，安迪得知，这所学院原来是一所私立学院，学费非常贵，虽然学院也有为匈牙利难民设立的奖学金，但是安迪来晚了，奖学金的名额已经用完了。安迪呆呆地坐在那里，不知道自己应当怎么办才好。

后来，其中的一名负责人突然想起一件事，他告诉安迪："小伙子，别沮丧，你可以去纽约市立大学咨询一下，那是一所公立学校，那所大学是免费的。"听到这个消息，安迪感觉就像是抓到了一根救命稻草一般，他急忙询问了纽约市立大学的位置，然后就离开了。

知晓了大概的方向，安迪就这么一路打听着找到了纽约市立大学。在同大学注册主任交谈之后，安迪决定就在那里注册，跟着大学二年级开始读书。虽然从这所大学毕业需要的时间比布鲁克林大学要长，但是安迪非常喜欢课程里面安排的对技术的培训，所以，他决定了在这里就读。

注册成功之后，安迪开始考虑可以为自己提供生活费用的途径，这时，那位主任又给安迪介绍了一个组织：全球大学服务机构。主任告诉安迪，这个组织可以为他们这样的匈牙利难民提供帮助。于是，安迪又开始去寻找那个组织。

当安迪将一切手续都办好，赶回伦克家时，天已经黑了，虽然找学校的事情一波三折，但是安迪仍然非常高兴，他终于靠自己的努力找到了适合心意的学校。

而这次寻求赞助的经历，也让安迪想起了当初帮助自己来到美国的那个组织：国际救援委员会。安迪觉得，现在自己已经安定了下来，也应当去给他们道个谢了。于是，安迪抽个时间去了那个组织在纽约的办事处。

接着发生的事情令安迪感觉更加温馨不已。当他向那里的工作人员表达自己的谢意之后，工作人员先是帮助他完善了在这个组织的资料，而后还给安迪提供了一副眼镜和一个助听器。这些，都让安迪十分感动，他不禁感慨道：世上还是好心人多啊！

就这样，安迪的大学生活在努力之下，终于得以顺利地再次进行。

2. 忙碌的兼职生活

虽然援助组织给安迪赞助了生活费，但是这些钱只够安迪一个学期的生活所用，所以安迪仍然渴望着在课余时间可以找一份兼职。他不仅希望自己可以自食其力，更希望可以早日攒够钱将父母也接到美国来。

安迪的第一份兼职是做学生助教。那时候，安迪急于毕业，他希望自己可以早日学完作为一名化学工程师应当学的所有课程。他的指导教授克洛德尼认为，安迪虽然很聪明，也非常刻苦，但是直接接触那些太难的化学专业课的话，有些急于求成了。但是，看着一脸不以为然的安迪，他知道自己的劝告并没有起作用。

于是，克洛德尼教授建议安迪去找当时的化学系主任施密特教授。施密特教授是化学方面的专家，他总是很忙。克洛德尼教授认为，安迪一定无法得到施密特教授的接见，这样安迪就会知难而退了。

可是事情的结果出乎了克洛德尼教授的预料，虽然安迪确实被施密特教授的秘书给挡住了，但是聪明的安迪在施密特教授上完课走出教室时，等到了施密特教授。当施密特教授听完了安迪的讲述之后，他也不同意安迪现在就开始接触过难的专业知识，但是鉴于安迪困难的处境，在对安迪进行过一个简单的口试之后，他决定招收安迪作为自己的学生助教。

当然，学生助教是在学校规定之中的，而且报酬比学校的其他工作岗位都高。于是，安迪成功地开始了自己的第一份兼职生活。

而安迪的第二份兼职工作则是在一家旅游酒店做服务生。那是在旅游业最火爆的夏天，当时安迪正准备寻找一份工作，他无意中在报纸上看到这个招聘广告，立刻就按照报纸上给的地址找了过去。

当安迪找到那家旅游酒店之后，马上就进行了面试，面试非常简单，那位负责人当场就同意了，他问安迪："什么时候可以上班呢，小伙子？"在安迪答复说，需要回家同亲人打个招呼，那位负责人咧嘴笑了笑，他挥挥手，同意了安迪的请求。

安迪返回拉约什家，同伦克和拉约什说了这件事之后，他们都表示非常支持安迪的这个做法。他们说，这个季节正是旅游的旺季，安迪出去打工正好也可以多接触一些不同的人群，开阔自己的视野。同时，他们也叮嘱安迪，要照顾好自己，常常打电话。叮嘱完之后，他们就让安迪早早地休息去了。

第二天，安迪带着几件换洗的衣服就去了那家叫"枫树林"的旅游酒店，开始了自己的做服务生的生活。在这家酒店待了一段时间之后，安迪发现，其实来这里休闲的有钱人不太多，反而是上班族更多一些。

旅游者们常常由男士开着车，载着自己的妻子和儿女，他们来到旅游酒店后，往往更加青睐于躺着晒太阳。安迪远远地望见，太阳伞下，那些夫妇躺着聊着开心轻松的话题，而孩子们光着上身在周围追逐着，不时发出银铃般的笑声。一家人欢乐的情景让安迪想起了自己也曾与母亲一起游泳，也曾与父亲嬉戏打闹，但是现在他却只能与双亲分隔两地。

安迪狠狠地握紧拳头，钱啊，自己还是需要尽快挣钱，才能够将父母也接来美国，才能使一家人都早日团聚。

结束了这次打工经历，安迪返校后学习更加刻苦了。一个声音在他心中不停说着："好好学习，争取早日得到工程师毕业的证书，学到真正的技术，你就可以将父母救离苦难了。"

那个时候，安迪的努力所有人都看在眼里，毕竟像他那样拼命学习、拼命汲取知识的学生很少。大家都说，安迪真的是恨不能将一分钟掰成两半来用，每次当大家看到他时，他都在用功学习。

安迪的努力也为他带来了一系列的荣誉与奖赏，他获得越来越多的津贴和补助，这些钱已经足够支撑他的生活了。而且因为他活跃在一切活动与比赛之间，所以他也得到了全面的发展，而不仅仅只是学习到课本上的那一点点东西。安迪的思想也在这些学习与竞赛中，一点一滴地完善与成熟起来。

后来，在安迪即将开始自己的研究生生涯前，他又多次在夏季出去找兼职工作，但是当结束这一份份的兼职之后，安迪并没有给这些他曾经待过的公司好的评价，他觉得，这些公司的员工更像是在等待下班，因为每个人都毫无动力与激情，一旦负责人离开，马上公司里的人都变得闲散起来。不过，虽然如此，但安迪仍然在这样散漫的环境中寻找着自己可以学习的东西，他开始考虑有关管理方面的一些策略。

虽然在其他同学的眼中，安迪的生活简直暗淡无光：每时每刻都在学习，生活俭朴，三餐简单，偶尔有一杯可口可乐就是最大的享受了。只是安迪知道，自己每天都过得非常充实，自己每天都在进步。他就像是一只刚刚开始展翅的雄鹰，一次次地拍打着自己的翅膀，一次次地磨砺着自己的尖爪。

而教导安迪的教授们都非常喜欢这个刻苦努力的学生，他们相信，安迪必将有一个不同凡响的未来，甚至有位教授说："如果说人生就像是一场游泳，那么最终游到对岸的胜利者中一定有一个是安迪。"

安迪在那家旅游酒店打工的经历也刺激了安迪的上进心，让安迪更加刻苦。更重要的是，在那次的打工过程中，安迪遇到了自己的另一半——伊娃·卡斯坦。

3. 幸福美满的新家

伊娃·卡斯坦比安迪大一岁，她出生在维也纳。后来，由于纳粹入侵，一家人搬到了玻利维亚。伊娃·卡斯坦一家在玻利维亚待了15年，然后在1953年又搬到了美国。

当安迪遇到伊娃的时候，伊娃正在一家公司上班，她也是趁着暑期出来做兼职。其实，聪明、美貌的伊娃当时有着许多的追求者，这让安迪感觉到压力很大。不过，安迪从来都不轻言放弃，因此，每次自己清闲的时候，安迪都会去找伊娃，如果伊娃同样有时间，他们就一起散散步、聊聊天，有时候也会去一些宴会上玩耍。对安迪而言，有伊娃的地方就有着幸福的存在。

暑期结束后，安迪和伊娃并没有就此分开，他们依旧保持着联系，而且随着越来越长时间的交往，他们之间的关系也变得更加密切了。终于在1958年6月8日这天，安迪和伊娃在一个天主教的教堂里举行了婚礼。

　　婚礼很简单，参加的人也很少。伊娃的父母都亲自到场了，而安迪这边则是由伦克一家担当了家人的角色。安迪的父母通过电话对安迪表示了关心和祝福，并且为不能亲自参加安迪的婚礼而感到抱歉，安迪反过来连连劝慰他们，并且向他们许诺，自己一定会更加努力，争取早日将他们接到美国来。

　　安迪在美国的事情非常顺利，他申请了绿卡，并且改了名字。因为"格鲁夫"的匈牙利语发音与英文发音是不同的，所以，当安迪初到美国的时候，那些说英语的人叫他，他却根本就不知道别人是在喊自己。后来，安迪在朋友们的建议下，将名字改成了英文发音更偏重于"格鲁夫"的单词。他将这件事告诉了父母，父母也表示了支持。

　　由于安迪的聪明与努力，他渐渐开始有了自己的积蓄，于是安迪与伊娃商议，准备用这些钱将自己的父母从匈牙利接到美国来，通情达理的伊娃同意了。1962年，安迪通过自己的不懈努力，终于将父母也接到了美国。

　　当安迪的父母提出赴美申请的时候，匈牙利政府并没有任何刁难。其实那个时候，政府对他们离开到美国相当支持。因为，当时的政府更偏向于那些朝气蓬勃的青年人，他们认为这些青年人才代表着匈牙利，也只有他们才能够给匈牙利创造更多的财富，也只有他们才会让匈牙利更加强大。

　　而那些老年人，由于退休之后需要政府发放养老金，因此政府

安
迪
·
格
鲁
夫
传

认为，他们就是拖累，如果没有他们的话，匈牙利肯定会更加强大的。所以，当安迪的父母提出赴美申请后，他们立刻就同意了，不再拖累自己，转而去拖累别人，何乐而不为呢？

就这样，安迪的父母从匈牙利顺利地来到了美国。不过，安迪的父亲对此稍微表示了自己的不满，因为这次搬家，他将不得不学习英语，而且父亲显然没有母亲的那样的语言天赋。当居卡尔还在努力学习的时候，玛利亚已经可以很轻松地同周围的邻居们用英语交谈了。

虽然居卡尔英语学得很困难，但是他仍然坚持了下去，并且最终可以同别人流利地进行交谈了。而他说坚持下去的原因很简单，只因为他想同安迪妻子还有安迪将来的孩子们用英语聊天，而不是靠着安迪的翻译才能聊天。居卡尔说，那样的话聊天就没有了丝毫的亲情气氛，倒像是领导开会了。

1963年圣诞节的第二天，安迪和伊娃的第一个女儿降生了，安迪给她取名叫卡伦。3年以后，安迪和伊娃的第二个女儿也来到了世上，他们叫她罗比。

两个女儿的降生使安迪身上肩负的责任更重了。那个时候，安迪不仅要担负起两个女儿的生活，而且还要注意关心父母和岳父母的生活。虽然安迪的父母到美国后也曾做过一些简单的工作，但是他们都没有做很长时间，安迪的收入就成了家里主要的经济来源。

虽然安迪和伊娃对两个女儿也抱有很大的期望，但是他们并没有过于严格地要求她们，而且，为了给两个女儿营造宽松的成长空间，安迪常常会在工作中抽出时间陪伴她们。他会和她们嬉戏打闹，看着她们绽放如花，粉嫩的笑脸，安迪就会觉得，自己的一切努力都是值得的。

后来当大女儿卡伦选择大学时，安迪和伊娃依然没有左右她的选择，他们只是抽出更多的时间去陪伴这个需要支持的女儿，他们相信，她一定能够做出最适合自己的选择的。最后，卡伦选择了机械工程专业，去了伯克利大学，并且取得了优异的成绩。从伯克利大学毕业后，她又去了斯坦福大学，并且在那里获得了硕士学位。

而小女儿罗比则更倾向于表演，她曾特意去华盛顿大学学习戏剧。不过后来，罗比突然喜欢上了物理诊疗，她便一直为此而努力着，最终也得到了普杰湾大学的硕士学位。

虽然，在日常生活中也有一些磕磕碰碰，但是这一路走来，安迪还是觉得自己非常幸福。毕竟，自己深爱的妻子也深爱着自己，而且又有了两个聪明美丽的女儿，还可以同父母共享天伦。每当想起这些，安迪都觉得自己应当深深地感恩，感恩得以享受着这一份份温暖的亲情。安迪也常常在心里感谢自己曾经的导师——克洛德尼，毕竟是他指引自己去加利福尼亚的。而在安迪的内心深处，加利福尼亚才是自己真正梦想中的美国。

4. 定居加利福尼亚

安迪记得，刚来美国上学不久，一天，他看书的时候，突然听到有朋友喊他，安迪走过去一问才知道，原来是自己的导师克洛德尼教授要找自己谈话，于是，安迪匆匆收拾了一下儿就去找克洛德尼教授了。

那天他们的谈话很简单，克洛德尼教授详细地问了问安迪到达美国的情况，问安迪能否适应这里的条件以及饮食，还有就是问安迪的学习是否能够跟得上其他学生的进度，安迪一一进行了回答。后来，克洛德尼教授又问了一句："在这待了这么多天，觉得美国怎么样呢？"

安迪脱口而出："我很喜欢美国的氛围，但是纽约的天气实在是太糟糕了，这让我非常讨厌。"安迪的话并不是没有原因的，就在前几天，安迪经历了一次非常恶劣的天气。

克洛德尼教授沉默了一会儿，然后告诉安迪说，如果安迪心目中的美国是阳光明媚、风光秀丽的场景的话，那么他建议，安迪有时间的话不妨到加利福尼亚去看看，克洛德尼教授觉得旧金山更像是安迪的梦想之城。

一边听着教授的话，安迪的注意力已经飞到了加利福尼亚。安迪在心中暗暗想道，等自己毕业的时候，一定要去那里看看，如果那里真的符合自己的期望，以后就定居在那里。

实际上，安迪还在上学的时候就去加利福尼亚旅行了一次，是和伊娃一起去的。1958年，他们结婚就将加利福尼亚定为了蜜月旅行的地方。他们几乎游遍了整个加利福尼亚，而在这游历过程中，安迪发现，加利福尼亚果然就像是克洛德尼教授所说那样的美好，简直就是安迪的梦想之城。

1960年的时候，安迪和伊娃又去了加利福尼亚，而这一次安迪要到加利福尼亚的伯克利大学读研究生，并且他已经同伊娃商议好，决定在加利福尼亚安家了。

曾经在加利福尼亚旅行的时候，安迪细细观摩了伯克利和斯坦福，在比较之后，安迪还是选择了伯克利，因为他觉得伯克利看上去很美。

然而，当安迪开始了在伯克利的学习之后，他发现，事情并没有想象中的那么简单。首先，他发现，自己即将学习的课程很难，这让安迪感到惶恐不安，他害怕自己会因为学习上的问题而被学校勒令退学。不过，这一次，安迪依然通过他超强的适应能力走了过来。

当安迪走过这一困难阶段之后，他反思自己刚开始接触时的状态，其实并不是那些课程难得无以复加，只不过是自己曾经学习的知识无法与后面要接受的内容接轨，所以才会需要那么一段的适应时间。

当安迪适应之后，他发现，伯克利大学的学习氛围并没有纽约市立大学浓厚。初始接触新知识时，安迪还以为只是自己曾经学习的知识少，因此感到很难。但是不久他就发现，其实他的同学也觉得那些很难，只不过他们都保持了沉默，并没有表现出来而已。

安迪还发现，伯克利大学的课堂常常是教授在讲台上边说边写，而同学们则埋头记笔记。大家都只是匆匆忙忙地将笔记本写满，几乎没有人考虑教授说的是对是错。甚至有一次，当安迪提醒教授有一个错误时，教授修改之后，安迪看到，自己的同学们也忙着修改。安迪感叹道：这里的学生都是在被动接受，他们甚至忘记了应当如何思考。

随着思考的深入，安迪开始考虑导师在自己学习生涯中的作用。但是在思考了一段时间之后，安迪觉得，导师在自己写论文方面也就起到两点作用：1. 帮助自己找准论题；2. 利用导师的声望给自己的论文提供支持。

想明白了这一点，安迪的论文非常成功，甚至一度在业内引起轰动。那个时候，安迪的导师是阿克利沃斯。

阿克利沃斯在雅典出生，20岁时来到美国，巧合的是，他和安迪在同一年加入美国国籍。他有着众多的出版物，也获得过各种各样的荣誉，不过，安迪最关心的是，阿克利沃斯负责着伯克利大学的流体动力学项目，而这个项目是安迪深感兴趣的。

安迪正是通过这个项目同阿克利沃斯教授认识的，虽然阿克利沃斯教授只比安迪年长9岁，但是他渊博的知识以及卓越的成就深深地令安迪折服。于是，每当安迪遇到无法决断的事情时，他就会考虑去咨询一下阿克利沃斯教授的意见。而且，安迪曾在他的指点下，向一位严厉的教师学习过数学，并且有了不小的收获。

当安迪开始准备博士论文的时候，阿克利沃斯教授也给他提供了很多的帮助。当时，安迪选了一个很难的课题，据说，那个课题曾有学生花了5年的时间去研究，结果仍毫无收获。听到这个消息后，安迪不仅没有放弃，反而更加坚定了他选择的决心。他说："我不想在别人的成果上进行修补，如果这个课题需要有个人来解决，那这个人为什么就不能是我呢？"

下定决心之后，安迪开始为完成这个论文而努力了。虽然教材中有一些与这个论题相关的观点，但是安迪并没有依赖它们。安迪已经想好了自己的路线：以实验为主，在实验的过程中，根据观察到的现象提出自己的观点。

于是，安迪开始依照自己的想法动手了，在不断尝试的过程中，他总结出了一个属于自己的解决方案，但是，让安迪略感尴尬的是，自己的这个解决方案与当时的正统认识是相悖的。好在支持安迪的阿克利沃斯教授一如既往地鼓励着安迪，并且他也参与到了安迪的实验中。

不过，随着实验的进行，阿克利沃斯教授也发现了，安迪的解决方案是正确的，这个发现让阿克利沃斯教授感到既惊讶又兴奋，他鼓励安迪依据自己的解决方案去写论文。

虽然早就猜到安迪的这篇论文一定会引起一阵不小的轰动，但是当安迪这篇论文的成绩展示出来之后，阿克利沃斯教授依旧感到吃惊不已，因为当时安迪的论文得到的几乎都是赞美。为此，阿克利沃斯教授曾说，如果安迪可以专攻学术的话，那么他一定会拥有一个灿烂的前程的。

5. 在仙童的日子

当安迪开始着手寻找工作时，他遇到了一些问题。安迪同自己的导师谈论过有关工作的事情，当时有教授给安迪的建议是，去尝试找一些与固态物理相关的工作，这样的工作是当时最受人推崇的，而且待遇也非常不错。

安迪听从了那位教授的建议，但在找工作的过程中，他也被拒绝、被怀疑过，好在大多数公司都表示对安迪的印象非常好，而且他们都表示愿意接受安迪，剩下的事情就是安迪挑选一个自己喜欢的公司，然后去上班了。

在众多的公司之间，安迪最难以取舍的是仙童公司和贝尔实验室。

那个时候，贝尔实验室已经在安迪申请的这个领域内取得了令人瞩目的成绩，在与安迪洽谈的过程中，他们的工作人员丝毫没有架子，而且他们也并不是写信通知安迪去他们公司面谈，而是派了工作人员来与安迪商议。贝尔实验室的工作人员将姿态放得很低，他们给安迪的条件也非常优越：他们愿意同安迪商议薪酬，也愿意让安迪从事感兴趣的工作，如果安迪需要专业领域的相关帮助，他们也能够提供。

与贝尔实验室的热忱相比，仙童公司就差了好多。甚至，当安迪第一次见到他们的工作人员时就感到非常厌烦。不过，好在后来仙童公司派出了戈登·摩尔这位富有亲和力的领导亲自上阵。虽然安迪觉得贝尔实验室的工作人员非常优秀，但是当他见到戈登·摩尔后，他立刻就喜欢上了这个充满魅力的领导。安迪发现，戈登·摩尔不仅能够认真地聆听安迪的话语，而且他能够理解安迪的意图，甚至在许多地方直接给了安迪有用的建议，这让安迪非常开心。

由于安迪对仙童公司的第一印象不好，在贝尔实验室和仙童公司之间，安迪对双方的印象算是扯平了。安迪考虑的另一个因素是两个公司所处地域的天气状况，从这一点来说，安迪比较倾向于仙童公司了。因为贝尔实验室所处地域的天气有些像纽约，而纽约的天气在安迪心中则是比较讨厌的，因此他最后决定了，就去仙童公司。

在仙童公司里，安迪很快就证明了自己的价值。那是安迪来到仙童的第一周，安迪的上司给安迪安排了第一个任务，据说那是个难题，但是安迪看到之后并没有无处下手的感觉。因为，这个难题用编程的方法就可以解决，虽然有点儿复杂，但是会很快找到解决方案的。

当安迪将解决的方案上交到上司手中时，还引起了一阵不小的轰动，毕竟那个时候，懂得编程的人并不多。而那个问题在大家眼中已经是非常困难的了，不想被安迪如此迅速而准确地解决了。

这时，安迪开始感觉到在上学期间，自己那些辛勤的付出还是有价值的。毕竟那个时候，安迪整日整夜地学习，他不仅熟练掌握了自己的专业知识，也因此而学到了更多其他技能。更重要的是，在做毕业论文的实验过程中，安迪明白，如果想要做出成绩，那就不能墨守成规，要勇于打破那些传统的观念。

这次的成功让安迪在同事间有了一些话语权，不过由于他的年龄还小，他的许多观点都被大家忽视了。安迪并没有就此放弃，他勇敢地将表达自己观点的文章发表了出去，而这次并没有像曾经的毕业论文那样获得赞美，相反，引来了众多专家的质疑与责骂。

虽然遭受了大多数人的批评，但是安迪并没有感到有什么不适。因为很久以前，安迪就一直是众人的中心，而他每次成为焦点时，也不仅仅都是因为他的优秀，有时也是因为他调皮捣蛋。

因此，虽然再次成为众人瞩目的焦点，但是安迪依然坚持自己的观点，在没人能够举例反驳他之前，他认为自己的观点就是正确的，无须更改，反而是那些固执己见的同事们，他们需要更新自己的观念了。

在仙童公司的时候，戈登·摩尔是安迪接触最多、同时也是安迪最敬佩的人。摩尔其实是一个喜欢安静的人，他很少会主动引出话题，而且当回答别人问话的时候，他的答案也总是精准而简短。安迪经常同摩尔讨论问题，虽然常常是安迪长篇大论，摩尔偶尔补充一两句，但是他们两人却渐渐习惯了这种相处方式。

安迪总是非常坦率而直接，或许是由于耳朵的问题，他常常会大声吼叫，以至于很多员工都认为安迪脾气非常暴躁。而摩尔却一切貌似都与安迪相反，他总是委婉而优雅，做任何事情都会再三考虑，直到计划周详后才实施。

　　安迪曾笑称，他与摩尔之间更像是隔了一代人。但是实际上，摩尔仅比安迪大了7岁而已。只是他们的表现，倒是真的就像两个来自截然不同的文化地域的国家，并且也不是在同一时代成长起来的人。

　　而安迪与公司另一位领导鲍勃·诺伊斯的关系则没有这么紧密了。诺伊斯在上学期间就已经出类拔萃了，而且喜爱业余活动的他更是显得多才多艺，在他身上还有种狂热的感染力，而正是这种感染力为他增添了许多传奇的色彩。如果说有人天生就是领袖，那么这个人一定是诺伊斯。

　　诺伊斯是如此优秀，而且他在上层社会中也是众人追逐的目标，如果要创办一个新公司的话，诺伊斯无疑会是一个非常好的"形象大使"。

　　安迪不是"诺伊斯迷"，虽然他与诺伊斯的私人关系还算密切，但是安迪对诺伊斯的评价却不是很好。

　　在仙童公司的时候，安迪就看到了摩尔和诺伊斯对公司的管理方式，他认为他们都不算是好的管理人员，安迪觉得摩尔不擅长管理还情有可原，可诺伊斯在管理方面的缺陷就让安迪感到非常不舒服了。

第七章　做英特尔的第一名员工

1. 加入英特尔

仙童公司的衰败出乎了所有人的预料，虽然每个公司、每个产品都会有兴衰的过程，但是，这个在两年内就给诺伊斯和摩尔创造了难以想象财富的公司，衰退的速度之快还是让大家都难以置信。

从1967年开始，就陆陆续续地有员工辞职了，而安迪也待不下去了，于是，他告诉了摩尔，说想要离开。摩尔无法劝说安迪，于是他带着安迪去找诺伊斯，希望诺伊斯可以有让安迪留下来的方法。最终，他们经过协商，让安迪担任研发部副总监，以后直接归摩尔负责。

虽然这份新的工作非常沉闷，但是安迪也因此得到了与摩尔讨论的机会，这些实质性的讨论让安迪觉得又有了许多收获。

只是，这样的生活没多久就结束了。1968年5、6月份的一天，安迪像往常一样兴冲冲地去找摩尔讨论问题，交谈过程中，他发现摩尔有些心不在焉，于是，安迪小心地向摩尔打听是不是发生了什么事情。

摩尔停顿了一会儿，像是在考虑要如何说出来，然后他告诉安迪：“我已经决定离开仙童公司了。”

“那你有什么打算呢？”安迪问道。

“我准备去创办一家新的公司。”摩尔说。

安迪毫不犹豫地说：“那我跟你一起。”

接下来的谈话中，安迪知道了，诺伊斯将会是摩尔新公司的合伙人，而且创办新公司这个主意也是诺伊斯提出来的。虽然这一点让安迪感觉很不舒服，但是他不得不承认，新公司没有诺伊斯不行，毕竟，对这个尚在计划中的公司来说，诺伊斯就相当于雄厚的资金，这也是安迪在心中劝说自己的理由。

然后，安迪就新公司的想法和摩尔进行了一些沟通，摩尔也对他说了一些仙童公司的事情，安迪这才了解到，摩尔离开的原因很简单：诺伊斯准备离开，而这也就意味着摩尔即将更换新的上司。这对已经习惯了同诺伊斯做搭档的摩尔来说，实在难以接受，而且仙童公司竟然同意让诺伊斯离开的做法也让摩尔感到非常失望。因此，当诺伊斯向摩尔提出一起离开创办新公司的时候，摩尔就一口答应了。

安迪还了解到，诺伊斯和摩尔即将创办的这个公司，将会以"半导体存储器"的开发、研制和生产为主要核心。听到这里后，安迪不禁眼前一亮，作为一名出色的技术人员，安迪明白半导体存储器的前景非常可观。

其实安迪能够明白这一点还要归功于摩尔，因为这个问题正好是不久前安迪与摩尔讨论过的。而且，在讨论的过程中，摩尔就曾预测过半导体存储器的前景。安迪无法忘记当时摩尔对半导体存储器那异常推崇的神情。

摩尔对半导体存储器的讲解非常详细，以安迪扎实的物理学功底很快就明白了其中的道理，半导体存储器的构造其实非常简单，就是将传递电子信号的晶体管安装到硅片上。因此，研究人员只需要研究如何在同一硅片上安装更多的晶体管，安装足够多的话，这个公司就可以盈利了。

在摩尔的预测中，同一硅片上安装的晶体管越多，产品所耗费的成本就越低，而且电子信号的传递也会更快。成本低、质量好，这样的产品肯定会有市场。而且，摩尔已经调查过，他们现在已有的技术足以支撑起新公司的第一批产品了。

如果说，安迪最初决定加入新公司是因为摩尔的个人魅力，那么现在，他已经被摩尔描述出来的前景吸引了。安迪从来都不是盲从的人，对于事物，他习惯于用自己的智慧去思索，去解决。而摩尔给他描述出来的这个前景，在安迪的判断中，是完全可行的。

"那么，新公司的名字是什么呢？"安迪向摩尔问道。

"名字暂时还没有想好，要不这样吧，一会儿咱们一起同诺伊斯再商量商量，看看是否能够在今天就将新公司的名字定下来，好吧？"摩尔回答道。

安迪点点头，道了别离开了摩尔的办公室，他还有一些事情需要处理。

那天晚上，诺伊斯、摩尔和安迪聊了很久，他们先是探讨仙童的问题，然后又探讨新公司的主要产品以及新公司的发展制度。三个人对新公司未来的发展都充满了信心，只是在为新公司起名字的时候，三人却犯难了。

直接叫"电子公司"，显得太没有特色了；以诺伊斯和摩尔的名字命名的话，在英文里又有歧义。"歧义？"安迪眼睛一亮，他想到了一个词"英特尔"，在英文里，这个词是"集成电子"的缩写，同时它还有一个含义——智能。

于是，安迪就将这个名字说了出来。诺伊斯和摩尔反复读了几次之后，两人也都觉得这个名字非常贴切，不仅能够体现出新公司的行业，同时也充满了积极向上的寓意。于是，在三人的意见达成一致后，新公司的名字就确定为"英特尔"。

这时，英特尔的成立已成为了诺伊斯、摩尔和安迪三个人当前最重要的事情，于是，摩尔和安迪都从仙童公司辞职了，开始一心一意地为英特尔的成立做准备。而诺伊斯所需要做的，就是尽快为这个即将成立的新公司筹来资金。

而这个任务对于诺伊斯来说，非常简单。在筹集资金的过程中，诺伊斯也确实没有花费什么周折，他只是向几个风险投资家打几个电话，将自己的计划简单地介绍了一下儿，然后，也没有经过太多复杂的程序，新公司所需要的资金就已经到位了。

安迪并没有对诺伊斯能够迅速解决资金问题而感到吃惊，毕竟，当初他认识诺伊斯的时候，就已经听说过这位上司出色的交际能力。而且，安迪也没有时间去吃惊，他正忙着和摩尔一起为英特尔招募新员工。

2. 第一次做管理

其实，英特尔员工的招聘也非常简单。当英特尔公司成立的消息在杂志上刊登之后，安迪和摩尔在很短的时间内就接到了许多求职者的信息。在这些求职者中，大多数人是硅谷的精英人士。

这些精英们都知道诺伊斯非常有才能，而摩尔在仙童时所做出的非凡成就也是大家有目共睹的，他们相信诺伊斯与摩尔共同创建的公司肯定会有一个璀璨的未来。正是基于这份信任，这些精英们才会急不可待地投出自己的求职申请，希望能够与这两位硅谷巨头共创英特尔辉煌的未来。

当然，这个现象对刚成立的英特尔公司来说是一件非常值得庆幸的事情，毕竟对于一个新公司来说，最宝贵的就是能够拥有一些有着共同目标的好员工。

因此，在很短的时间内，英特尔公司就拥有了雄厚的资金以及一批优秀的员工。但就在这时，新的问题又出现了：诺伊斯、摩尔和安迪同样都是非常出色的技术专家，却都不擅长管理。

早在仙童公司的时候，安迪就已经明白了，诺伊斯与摩尔虽然有着出色的才能和人格魅力，但是他们两个都算不上是出色的管理者。因此，安迪明白，自己面前就只剩下了一条路可走，那就是从技术型员工向管理型员工转变。而他们对安迪的任命也证实了安迪的猜想。

当初离开仙童公司的时候，安迪做的是研发部副总监的工作，而来到英特尔之后，原本诺伊斯和摩尔准备安排安迪做工程主管的工作。但是后来他们发现，诺伊斯擅长公司的外部交际，而摩尔擅长的是对技术的钻研，因此二人商议之后决定将英特尔运营总监的职位交给安迪。

虽然做兼职工作时，安迪曾思考过一些关于管理的问题，在仙童公司上班时，安迪也表示过对管理人员的不满，但是当安迪真正坐上管理的职位时，他知道，自己在这方面还欠缺了很多东西，仍然有许多知识需要去学习。不过对于学习，安迪从来都不会退缩，因为他很享受这种从无到有的感觉。

安迪明白，自己对管理方面的学习将比以往的学习更加艰难，自己没有了领路人，所有的道路都需要自己摸索着前进，没有任何的捷径可走。

安迪能够想到的一个尽量提高自己管理能力的办法，就是随身携带一个小笔记本和一支笔，每当自己遇到问题时，就将它记载下来。当一天快要结束的时候，再将这个小本子拿出来，对上面记载的问题重新进行分析，然后再结合自己当时的处理方式，想想自己是否已经处理妥当，想想是否有更好的处理方式。

同时，安迪并没有用武断、独裁的方式去管理公司，他更提倡的是众人之间以一种平等的方式去相处。而且，安迪也为此提出许多建议，公司总部的装修样式就是他的杰作。许多人提起对这个总部的印象时，总会不知不觉想到"简朴"这个词。

在这个总部里，所有人都没有办公室，大家拥有的都是一个属于自己的隔间。而安迪对此的解释是：我们周围的环境没有任何价值，因此，我们不需要在这方面耗费精力，我们的目标只有一个，那就是永远走在技术的最前沿。

安迪提出了这个目标，而他的一切行动也确实都是在为实现这个目标而进行的。无论员工在公司担任的是什么职位，只要他的建议对实现这个目标有利，安迪就会接受，这让许多员工感到非常惊奇，肖恩·马洛尼就曾为此向安迪表示过疑惑。

肖恩·马洛尼来自英国，当他1982年加入英特尔的时候，他发现，安迪竟然和自己开着一样的车。肖恩·马洛尼感到非常惊讶，因为在英国这是绝对不会发生的事情。于是，肖恩·马洛尼向安迪说道："真是没有想到，您竟然和我开一样的车。"

接下来，安迪的回答令肖恩·马洛尼终生难忘："我想，我们也有着一样的目标，对吗？"

安迪希望可以通过自己的努力，尽可能地为英特尔公司营造出一种平等、努力、激情的氛围。很显然，当肖恩·马洛尼加盟的时候，安迪的所有付出已经有了效果，因为肖恩·马洛尼所给出的评价正是安迪所一直追求的。

安迪对于员工的要求也十分严格。虽然他会听取众人的意见，但是，只有与安迪谈过话的人才会明白，当面对安迪时，你必须时时刻刻地集中注意力，这样才不会因自己所说的中心转移而引起安迪的指责。

当众人集中起来开会的时候，安迪也有着同样的要求。在安迪的示意下，众人围着会议桌坐下，然后对已有的问题展开讨论。有时候，安迪会大声地说出自己的意见；有时候，他只是戴着助听器默默地聆听。但是，无论安迪发表意见还是静静聆听，众人都从来不敢忽视他的存在。在一个问题得到解决方案之前，安迪是不会允许众人开始讨论下一个问题的。

也正是因为安迪的严格要求，众人逐渐凝聚起来，所有人思索的方向都能够紧紧地跟随着安迪去实现他所指引的目标。于是，一个充满凝聚力而且又充满智慧的团队，就在安迪的带领下打造成型了。

偶尔安迪也会想起在仙童的日子。此时，安迪更多的是思考仙童的管理模式。安迪认为，仙童公司如同一架刚刚踏入轨道就熄火的火箭，虽然也曾辉煌过，但是没有严格的纪律、没有良好的管理，即使招募到优秀的员工，那些员工也无法做出什么贡献。

同时，安迪还指出，仙童公司发展的方向已经出了问题。安迪认为，仙童公司的眼光并没有看向前方，他们紧紧盯着的是即将被淘汰的技术。而这也就意味着，仙童公司正在逐渐地失去市场竞争能力。

3. 焦虑的日子

虽然安迪最终成功地由一名技术型员工转变成技术与管理兼能的员工，但是安迪始终难以忘记在刚开始行使主管的职责时，所面对的那些困难与质疑。

一开始安迪就曾想过，第一批加入英特尔的都是硅谷的精英，恃才傲物的情况肯定会有。而人们之间紧张的气氛，以及时常发生的争论，甚至让安迪觉得就连空气中也充满了火药的味道，只需要稍微一点的火花，就会"轰"地发生爆炸。

那段时间里，安迪不时会感到深深地恐惧，他为自己来到英特尔的这个选择而担忧不已。因为，他不仅辞去了熟悉的工作，而且也失去了那份稳定的收入。安迪感觉自己如同参加了一场赌博，而赌注则是现在的一切。

那个时候，虽然安迪是与诺伊斯、摩尔共同创立的英特尔，但是安迪并没有享受到以最低价购买原始股的权利。从这个角度而言，安迪其实就是英特尔的第一名员工。而作为一名员工，是无法预知自己何时会被解雇的。

安迪是第一次接触企业管理，他也不得不面对许多人的质疑与猜测。当时，安迪面对最多的就是对他经验的质疑。因为安迪以前从未参加过有关制造的工作，而且从安迪的经历来看，他也更侧重于物理方面，而不是对工程的检测与指导。还有人质疑说，安迪曾经只是一名教师，他能够担当起企业主管的职责吗？

安迪面临的不仅是这些怀疑与指责，他还承受着公司发展前景的重大压力。尽管诺伊斯与摩尔已经对英特尔公司的前景做出了积极的预测，但是当英特尔成立之后，大家开始为了这个充满希望的前景做出努力的时候，诺伊斯与摩尔对安迪的信任与期许，甚至要远远超过安迪对自己的肯定与了解。

当时，市场上从事半导体生产的公司大多将目光盯在半导体的其他应用之上，而英特尔公司的目标则是放在了计算机的存储器上面。也可以说，英特尔公司从成立开始，就并没有将当时已经存在的半导体公司视作竞争对手。

这样一来，也就意味着这个新公司将面临更为艰巨的挑战。因为当时，市场上出现的电脑非常巨大，只有少数几个公司在从事电脑的相关业务。而英特尔如果想要吸引这些电脑商们的注意，就必须制造出远远超越当时市场主流标准的产品。而这些，正是安迪的职责。

同时，这种情况也就意味着，英特尔必须时刻走在时代最前沿，开发新产品，然后高价销售，当这种产品开始普遍存在，等市场上其他公司也研制出来之后，英特尔就必须放弃这种产品，转而将焦点放在下一个新开发的产品之上。

虽然看上去非常简单，但是安迪明白，这种模式对于管理者预测的目光有着非常高的要求。如果管理者无法清晰地定位出下一个产品的性能，那么公司就有可能在新一轮的竞争中失败，而对于在硅谷中的公司而言，一旦失败，想要东山再起就没有那么轻松了。

这些问题都深深地压在了安迪的身上，以致在一段时间内，安迪反复地做一个梦：在一间就像是英特尔公司的房子里，一群恶狗凶猛地追赶着安迪，让安迪疲惫不堪。

但安迪从来都不是一个会轻言放弃的人，虽然他为新公司的种种困难而焦虑，但是他依然想着各种办法努力去解决这些问题。安迪在许多杂志上寻找、学习着有关管理的知识，也将自己对以往事情的处理方式挑选一些出来，在午餐会上让大家点评。除此之外，安迪还时常到工作现场进行监督检查。

在安迪的不断努力下，公司的情况终于开始好转了。只是安迪依然没有放松对自己的要求，他仍然在实践中不断地学习着，因为安迪一直无法忘记曾经那些离开英特尔的员工对自己的指责和批评。

虽然那些员工指责最多的是安迪没有相关经验，但是安迪从来没有抱怨过。安迪明白，公司曾经是将自己当作技术型员工来培训的，现在既然自己已经来到了管理的职位上，就应当尽快去了解自己岗位的职责，并且为做好本职工作而努力。

作为一名企业主管，安迪还必须考虑人事方面的晋升问题。他既担心有千里马被埋没，又担心提升起来的人员没有担当该职位的能力。那些日子里，安迪仔细想过，如果不能总结建立出属于英特尔公司的管理制度，那么英特尔公司很有可能成为下一个仙童公司。

安迪开始尝试着将整个任务分散开，而后分发下去，这样每个人都有属于自己的事情去做，而且所有人都努力地向着自己所期望的那个方向、那个共同的目标而前进。安迪的这个想法很快就收到了效果。

每个人都开始为属于自己的工作而努力，每个人也都竭尽全力地完善着自己手中的工作。公司里各个部门的职责也逐步完善，一切都变得井井有条。这时，安迪才真正地松了一口气，他用自己的行动向那些质疑声做出了最好的回击。

安迪一直都相信，没有学不会的知识，只有不愿学习的人。同样的道理，经验虽然可以帮助一个人迅速地成功，但是没有经验，只要能够虚心请教、努力学习，仍然可以到达成功的彼岸。

面对那些质疑安迪是个物理学家的话语，安迪一口否认了。安迪认为，自己虽然在曾经接受的教育中比较侧重物理知识的学习，但是自己并不能被称为物理学家。而且，安迪也表示，自己的学习生涯仍然在继续，而且自己学习的知识也更加地贴近工作，并不像物理学家那样去钻研物理知识。

而那些怀疑安迪是否能够管理好英特尔的声音，现在已经完全消失了。因为，英特尔目前的发展已经是最完美的答复了。

4. 成功的1103

虽然英特尔的前两年发展并不尽如人意，但是，在诺伊斯、摩尔和安迪的共同努力下，他们终于成功制造出让英特尔因之而出名的1103——动态随机存取存储器。

1103的成功似乎就是对"用最少的钱去赢得最大的收获"这句话最好的诠释，而且它完全有能力与当时市场上的主流产品磁核存储器进行竞争。短短两年时间后，1103迅速占据了存储器市场的半壁江山，而此时英特尔作为存储器公司也在人们心中留下了一定的印象。

1971年，就在1103成功的时候，安迪与诺伊斯、摩尔他们两人有了不同意见。当时，加拿大的国际微系统有限公司前来与英特尔进行协商，希望能够获得1103的生产许可证。诺伊斯与摩尔的意见是同他们签订协议，但是安迪不同意。

诺伊斯和摩尔认为，从英特尔成立开始，公司就一直处于亏损状态，如果同国际微系统有限公司签订协议的话，他们就能够获得一大笔的资金。而这些资金不仅意味着英特尔已经开始挣钱，更重要的是，这笔资金能够给英特尔带来上市的机会。

安迪则是担心，如果签订协议，那么英特尔公司必然要派遣员工前往国际微系统有限公司帮助他们培训员工，而仅仅依靠留下来的员工来支撑英特尔，是一件非常困难的事情。

但是最终，诺伊斯和摩尔说服了安迪，签订了协议，然后让一批员工前去对国际微系统有限公司的员工进行培训，留下安迪带领一些员工继续在英特尔奋斗。

也正是基于这次对1103生产问题的争执，让安迪发现了，研发产品的研究室与批量生产的工厂之间存在的差异。安迪意识到，其实有许多产品并不是设计得不够好，而是由于生产的工厂没有加工到位才最终导致了产品的失败。于是，安迪从这个时候起就产生了为公司建立生产基地的想法。

英特尔与国际微系统有限公司签订的协议有着一定的时间期限，或许，这对英特尔来说才是一个真正的好消息。在签订协议后，诺伊斯、摩尔和安迪很快就发现，国际微系统有限公司凭借着1103所获取的利润要比英特尔还多。

因此，当协议到期之后，英特尔公司的设计人员在一番努力后，成功将承载1103程序的芯片由原先的2英寸扩大到3英寸。而这一改变则直接将那些英特尔的竞争对手远远地抛在了后面。

　　其实，随着1103的成功，市场上也出现了许多觊觎英特尔的公司，他们模仿、克隆着1103，希望能够在这一轮动态存储器的竞争中分得一杯羹。但是，英特尔的这一改变，彻底地打乱了他们的计划，这一技术的改变，其他公司需要很长的时间才能够跟上其步伐，即使是曾经接受过英特尔指点的国际微系统有限公司也无法在短时间内追上英特尔的开发速度。

　　这时，安迪早已经得到诺伊斯和摩尔的授意，建成了一个有着精良设备，人员齐全的生产基地。而这一生产基地正好被英特尔用来生产3英寸的1103。

　　虽然1103在市场上大受欢迎，销量很好，但是这并不能就代表着1103是完美的存储器。实际上，当1103在计划投入生产的那一刻，安迪心里都非常忐忑。1103是在1101——静态存储器的基础上改进而成的，因而有些不稳定，有时会出现无法存储的现象。

　　而正是这一点让安迪无比担忧，他怕客户会因此拒绝购买1103。不过，火爆的市场消除了安迪的忧虑，毕竟1103不仅能够正常地运作，而且效果明显超越了当时市场上的主流存储器，这让使用它的客户非常满意。

　　安迪他们都明白，客户的需求不是一个1103就可以满足的，安迪又继续招募了一些擅长芯片技术的精英，让他们专心地研究对1103的改进，争取能够早日推出比1103更加优秀的产品。

　　虽然有些人认为，英特尔即使仅仅将核心放在1103之上也足够了。但是，英特尔的管理层并不是这样认为的，他们将眼光放到了长远的未来，他们要带着英特尔一起腾飞。

　　也就是这一年，在诺伊斯和摩尔的努力下，英特尔成功上市了。

5. 英特尔步入正轨

曾经有人假设过：如果当初安迪没有加入到英特尔，那么英特尔会发展成什么样子呢？或许，英特尔也会像众多半导体公司一样垮下去吧？毕竟在硅谷，由一群精英组成的公司倒闭又不是什么新鲜事。

而英特尔的成功，更多地依赖于安迪的成功转型。毕竟不是每一位技术精英都愿意向管理型员工转变的，而且也不是所有的技术型员工都可以转变成成功的管理型员工。或许，安迪能够成功转变也有摩尔的功劳在其中，毕竟不是所有老板都能够对员工如此信任。

安迪曾经提到过，他说，在那个最困难的时候，摩尔最常对员工说的话就是："对于这个问题，你有好的解决方案吗？如果没有的话，那么就去找安迪吧，他会帮你解决的。"至于诺伊斯，他更加向往自由，也正因为如此，他才会购买一架飞机，然后常常自己驾驶着出去游玩。

不过，对安迪而言，诺伊斯也是一位非常了不起的上司。很多时候，安迪所说的话都非常直接，甚至根本没有顾及诺伊斯的感受，但是诺伊斯仍然能够宽容地对待安迪的一切。

曾经有一段时间，安迪感觉到，诺伊斯对于英特尔的事情有些漠不关心了，因此，他特意同诺伊斯进行了一次非正式的谈话。

在那次谈话之后，安迪向摩尔透露说："我们的谈话与英特尔的未来有关，诺伊斯已经不确定自己对英特尔所起的作用了，因此，我明确地表示，我们需要他，这里仍然有些事情必须由他来处理。看上去，谈话的结果比我预期的要好。"

其实，安迪在很早之前就已经具备这种"管理上级"的能力了。只是现在，当安迪感觉诺伊斯需要这种"管理"的时候才表现出来而已。安迪相信，宽容的诺伊斯是能够明白自己的用意的。

于是，英特尔公司就在安迪这个擅长行动的员工、摩尔这样精于思考的上级、诺伊斯这样乐于外交的老板这三个性格迥异，却都有着非凡才能的天才带领下，成功踏上了前进的道路。

虽然，英特尔的迅速发展与诺伊斯、摩尔、安迪的努力有着至关重要的联系，但是，安迪从来都不认为，英特尔是一个人的英特尔。安迪坚信：只有集思广益，听取众人的意见，收集众人思索的精华才能够进一步地发展。关于这一点，摩尔也深以为然。

也正是由于安迪一直坚持这样做，英特尔公司才会在1971年的时候收获了两件出色的产品：可擦可编程只读存储器和微处理器。而这两者，都为以后英特尔的发展壮大做出了不可估量的贡献。

可擦可编程只读存储器的发明者多夫·弗罗曼，曾经也是仙童公司的一员。他是在为那些失败芯片查找原因时，发明的这种存储器，而这种存储器可以让编程工程师的工作变得更加轻松。当多夫·弗罗曼向摩尔介绍自己发明的这种存储器时，摩尔只看了一次他的演示，就对这个产品提出了高度的赞扬，摩尔甚至认为，这种存储器将有希望成为英特尔的支柱产品之一。

而微处理器则是由一名叫霍夫的员工在完成一项工作任务时发明的。那项工作任务源自于一名仰慕诺伊斯的日本商人。那名日本商人请求英特尔公司为他正在设计的新型计算机设计并制造一套芯片，他提出最好有12个芯片。而当时这个任务被分配到了霍夫的身上。

霍夫在同诺伊斯商议之后，根据那名日本商人的要求，他想出了另外一种解决问题的方法。霍夫的设计远比那名日本商人的想象要简单，但是非常实用。霍夫仅仅设置了四个芯片就达到了那名日本商人的要求。

在霍夫的设计中，除了必不可少的存储器芯片、寄存器芯片和程序芯片外，其他芯片功能，他都集中到了一个芯片上。在这个芯片上，霍夫集中了处理器的所有电路，这样一来，不仅整个电路的设计显得简洁明了，而且计算机的性能也明显有了提升。

虽然霍夫的设计得到了那位日本商人的称赞，但是当时英特尔并没有意识到这种微处理器的前景。因此，当那位日本商人提出希望得到这种微处理器的设计权时，英特尔同意进行商谈。不过，最终因为价格方面未能达成一致，所以英特尔才能够将微处理器的设计权保留下来。

当时个人电脑并未普及，微处理器的作用也并不明显，但是仍然有着许许多多、各种各样的产品商前来协商，希望他们的产品能够得到微处理器的支持。这也让安迪他们放下心来，他们认为，虽然没有能够将微处理器的设计权成功出售，但是这些前来协商的商人带来的订单，已经远远超过了当初估计的设计权的价位。

此时，安迪他们感觉到了微处理器的市场需求，也将微处理器的生产列为公司的项目之一，但是在众人心中，已经步入正轨的英特尔是经营存储器的公司，微处理器仅仅是作为其附属产品而存在的。没有人能够想象得到，在未来的某一天，微处理器竟然会成为英特尔救命的稻草。众人更加无法想象的是，会有那么一天，英特尔能够凭借着微处理器的市场而成功地踏入事业的巅峰。

　　而这个时候，安迪他们还沉浸在1103所带来的喜悦之中，他们仍然将大部分的精力放在存储器的开发和生产之上。毕竟，凭借着1103，英特尔在存储器的市场上已经有了相当不错的名气。开发新的存储器并且在1103即将退出市场时投入生产，就是安迪他们当时最完美的计划。

　　看着员工们在各自的岗位上忙碌着，并且做出了不凡的成绩，安迪的心中那根紧紧绷着的弦也终于松弛下来。虽然他并没有掌管财务，但是他同样知道，公司已经开始盈利，并且这利润在持续增长中。安迪明白，英特尔终于成功踏上了发展的轨道。

第八章　为英特尔掌舵

1. 胜任副总裁

虽然英特尔的发展已经步入了正轨，但是在1974年经济危机到来的时候，英特尔也不可避免地遭受了市场经济的冲击。那个时候，大批的工厂被迫关闭，大量的工人也不得不接受被辞退的命运。

看到这种现象，安迪希望英特尔的员工能够团结起来，紧紧地凝聚在一起，共同抵抗这次的经济冲击，但是随着时间一天天过去，英特尔也不得不选择辞退一些员工，以便应对日益增加的财务压力。

看着以往的同伴被迫离开，所有人的心中都非常难受。那些员工被辞退的命令都是诺伊斯下达的，但安迪明白，在诺伊斯的心中，他同样不希望看到这种情况的出现。在安迪的印象中，诺伊斯是位宽容的领导，他甚至从来都不愿意指责别人的不足，但是现在公司的状况，已经没有其他解决方法供他挑选了。

一天，安迪、摩尔和诺伊斯在办公室就英特尔目前的状况进行商议时，诺伊斯提出了将英特尔出售的想法。诺伊斯的想法，安迪和摩尔都能够理解，他们知道，英特尔现在困窘的状态，以及不得不做出辞退员工的决定，这些都让诺伊斯深受折磨。而且这些都已经违背了诺伊斯创办英特尔公司的初衷了。

即使明白诺伊斯的苦衷，安迪和摩尔还是不希望英特尔走到那一步。于是，在短暂的沉默之后，摩尔开口说话了："诺伊斯，我能够理解这段时间里你所承受的压力，要不这样吧，由我来对英特尔负责一段时间，如果这种状况依然无法解决的话，我们再商讨公司合并或者出售的事情，你看可以吗？"

诺伊斯盯着这名多年来一直陪伴在自己身旁的搭档，他能够看出搭档眼中的坚定与不舍。于是，他点了点头。

就在这一年，诺伊斯接替了董事会主席的职位，而摩尔则成为英特尔公司的总裁，并兼任着执行副总裁的职位。而在这一次管理层的重组过程中，安迪得以加入公司的董事会，同时他也成为英特尔公司的执行副总裁。

只是这些重组并没有给英特尔带来太多的改变，即使每个人都明白英特尔处于困难时期，而且每个人都拼命地去工作，但是这种艰难的状况仍然持续着。不过，在每天的努力工作与思考中，安迪逐渐发现微处理器的重要性，因此在他的倡议下，微处理器的开发与生产成了当时英特尔公司的核心项目之一。

在这段困难时期，有些员工无法支撑下去，选择了离开。安迪并没有因此变得沮丧不已，他依然积极地去招聘人员，而且对应聘人员的要求更高。克瑞格·贝瑞特和保罗·欧德宁就是在这个时间来到英特尔公司的。

其实，对安迪和摩尔来说，他们并不愿意放弃任何一位为公司努力付出的员工。这一点，在当初他们经营手表业务失败之后，从他们对原先从事手表业务的那些员工的安置中就可以看得出来。

英特尔在1972年的时候，曾经接手过一个名为Microma的手表公司。这个决定是经过诺伊斯与摩尔商议之后才做出的，这也是英特尔第一次接触消费品的市场。当时，安迪显然并不赞成这个决定。

安迪觉得，诺伊斯与摩尔肯定是将手表业务也当作了技术行业，而且他们肯定也认为，英特尔所从事的半导体业务能够促进手表业务的发展。只是随着时间的推移，Microma手表公司渐渐地陷入困境，安迪竭尽全力也没有将其挽救回来。

后来，诺伊斯与摩尔也意识到，其实手表业务并不是单纯的技术业务，而是已经涉及消费品的区域了。因此，在经过一番商议之后，他们痛下决心，关闭了Microma手表公司，同时将原先手表公司的员工安置到了英特尔。

也就是在这次的错误决定之后，摩尔再也不接受任何有关消费品的投资建议了。而这次的教训所带来的另一个收获就是：英特尔通过对手表公司员工进行安置，让大家明白了，只要每位员工都诚心诚意地为公司付出，公司也将竭尽全力地为员工着想。

终于，在大家的共同努力下，英特尔公司的业绩在1976年的时候有所好转，虽然公司利润的增长没有达到安迪和摩尔的预期，但英特尔的业绩在同时期的其他公司看来就已经是非常成功了。而且，也就在这个时候，英特尔公司的股票价格从一直下降而渐渐企稳，甚至有了上升的趋势。

接下来的两年内，英特尔公司发展的趋势也确实就如同安迪预测的那样，以迅猛的劲头发展起来，各种新产品开始投入生产，许多制造计算机的商家也纷纷前来与英特尔洽谈业务。而且，英特尔的微处理器8086在发布之后，立即成了当时整个计算机行业的必需配置。

随着英特尔公司营业额的攀升，安迪对于员工的要求也更高了，这甚至影响到了他对前来应聘人员的考查标准。如果说曾经安迪招聘人员时会以专业水平与个人品格为标准，那么现在他已经亲手打破了这个标准。此时，安迪在更加侧重于员工的进取心。

不过，安迪并没有将改变公司整体氛围的所有希望放在招聘新员工之上。安迪开始重新对各个职位的员工进行考核，以判断他们是否能够胜任，同时，安迪还提出进一步完善管理制度，用以帮助公司在营业额上更进一步。

随着越来越多的措施开始实施，众人对安迪的不满也越来越多，然而，大家都没有想到，这时英特尔已经在安迪对他们近乎苛刻的要求下成功进入了全球500强的排行榜中。

听到这个好消息后，众人都愣了。此时安迪却偷偷地笑了起来："看来是这段时间对大家要求得过于严厉了，以至于大家面对做出的成绩都已经忘记了去表达心中的兴奋了。"

2. 破釜沉舟的决定

鉴于安迪对英特尔做出的巨大贡献，1979年，在摩尔的建议下，安迪担任了英特尔总裁的职位，同时，他还兼任英特尔的首席运营官。

只是提升后的安迪并没有随之而获得超高的营业额，反而是不得不面对市场上众多竞争对手给其制造的压力。这些对手主要针对的就是英特尔公司的8086处理器。

当时，著名的摩托罗拉公司也成功推出一款微处理器68000，而且68000在众人心中留下了很好的印象，大家一致认为，68000处理器已经超越了8086。因此，安迪接到了许多来自客户的指责，他也想了许多针对这次困难的处理方法，但是都被自己一一否决了，最后，安迪决定在会议上听取众人的意见，再从中找出最合理的解决方案。

会议上，大家一致认为，能够直接威胁到8086处理器的只有摩托罗拉的68000处理器，因此，完全可以针对摩托罗拉的经营方式进行反击。也就在这次讨论的过程中，英特尔的优势被大家发掘出来：超值的售后服务，而这已经成为顾客选择英特尔的最大理由。同时，在这次讨论会上，安迪也提出了解决的方向：寻找战略伙伴，对8086进行捆绑式销售。

安迪确定好解决方案之后，众人就开始忙碌起来。一名叫厄尔·惠茨通的销售工程师直接将注意力放到了当时计算机行业的巨头IBM公司上。

当时的IBM公司已经站在了整个行业的巅峰，他们一直是独自完成计算机的各个部分，从来没有在外界订购过零件。而处理器对于计算机而言，又属于重中之重的零件，IBM公司会同意与英特尔公司合作吗？知道的人都认为惠茨通是异想天开，这种事情根本就没有实施的可能性。

最后，惠茨通还是毫不犹豫地去了，没有人知道他是如何说服IBM公司那些管理人员的，众人只知道，当他返回英特尔的时候，带回来的是价值几千万的订单。

这些订单并没有完全满足安迪的期望，他希望能够获得来自IBM更多的资助。因此，安迪将自己的想法明确地告诉大家之后，又继续派人前去IBM洽谈了。最终，英特尔与IBM成功达成协议：由IBM出资收购英特尔的股票，但是IBM所拥有的股票不能超过所有权的30%。

凭借着IBM投入的资金，英特尔成功地度过了那段最艰难的时期。但是IBM的参与也给英特尔带来了其他问题。

一天，IBM的一位执行官给安迪打电话，希望能够得到更多的设备。但是以英特尔当时的生产能力，他们根本无法提供那么多数量的设备。安迪只好从为其他客户准备的设备中抽取了一些留给了IBM。

同时，这件事也让安迪开始考虑，是否应该设立第二供应商，从而满足日益增长的市场需求。最终，安迪在员工的建议下，决定在日本找一家生产转包商以作备用。

那段时间，英特尔的营业额创下了自创建以来的新纪录，而且，在1984年的时候，英特尔在全球500强的排名中已经冲到了第75位。

只可惜，好景不长，1985年半导体行业再次受到了严重的冲击。那一年，英特尔不仅没有完成原本制定的扩张计划，反而亏损了许多。英特尔的许多生产基地被迫停止，许多工人也被迫回家了。

这一次，对英特尔公司产生如此大威胁的却不是安迪他们熟悉的工业巨头，而是来自日本的电子公司。这一点让安迪觉得尤为吃惊。

在安迪的印象中，日本的电子公司不过是可以作为生产转包商的选择而已，没想到，他们竟然在短时间内就可以对半导体行业造成如此大的冲击。在一系列的调查之后，安迪明白，自己一直以来都小看了日本的电子公司。

此时，来自日本的存储器不仅在性能上比英特尔公司的产品要好，而且在价格上也要实惠许多。

当英特尔召开会议讨论的时候，众人都有一种感觉，现在的英特尔就如同曾经被自己针对过的摩托罗拉公司的处境一样，只不过这次是英特尔变成了被动的一方，自己每一项措施的实施都会被对手应对，最终的结果，只能是对手获胜。

而在这场较量过程中，英特尔的执行官们渐渐发现，日本的电子公司似乎已经不再将盈利放在心上，他们将重心放在了市场的份额上。当有关数据被统计出来放到英特尔的每一位执行官手中时，他们都不禁惊呼："天哪，这不是真的！"

的确，没有人愿意相信这份统计，但它的确是真实的。于是，安迪开始频繁地召集众人开会，希望能够商讨出有效的方法，使公司从这种不利的局面之中脱离出来。只是，每一次的会议都是在争吵中开始，在沉默中结束。虽然安迪明白，当这些人进行讨论的时候，已经有一桶桶的黄金源源不断地飞进了日本人的电子公司里，但他依然无法做出有效的决定。

一次，安迪在摩尔的办公室里就这件事继续商讨，在他的手里还拿着几年来存储器与处理器的发展总结图。讨论一番后，两人依然没有得出更有利的选择，于是都沉默了。过了一会儿，安迪转过身，面对着摩尔问道："你说，如果有一天，董事会召开会议，罢免了你我，那么新上任的总裁要怎么做才能改变这种糟糕的情况呢？"

摩尔低头沉思了一下儿，回答道："我想，他肯定会放弃存储器业务，转而将重心放在处理器上。"

安迪点点头，又接着说道："既然如此，我们为什么要将这个机会留给他，而不是由我们来实施呢？"

虽然说出这句话非常容易，但是安迪和摩尔都明白，要放弃存储器的业务，对他们而言意味着什么。英特尔公司最初成立的想法就是源于摩尔对存储器的设想，其后，英特尔也是凭借着存储器1103的成功才能够走到今天。对于顾客而言，英特尔的身份早就已经是存储器公司了。

而且，如果英特尔放弃了存储业，那么他们就需要关闭一些生产存储器的工厂，他们也需要通知相应的客户，更重要的是，他们将不得不辞退那些曾经伴随着英特尔发展的员工，因为这些员工的特长是生产存储器，而不是英特尔即将发展的处理器。

但是，安迪和摩尔都明白，如果仍无法做出选择的话，那么英特尔就可能要跟随着存储业务一起失败了。1985年，安迪下定决心放弃存储业务，破釜沉舟，将英特尔的所有希望都放在处理器上。

3. 奔腾出问题了

当安迪下定决心之后，他召集众人在会议室做了一个演讲。那天，安迪的演讲出乎意料地成功。或许，是大家都已经厌倦了在存储器与处理器之间徘徊的态度，或许是大家都已经看清楚了市场的需求，总之，在安迪的这场演讲之后，英特尔将全力以赴为处理器的发展而努力。

鉴于在存储器业务得到的教训，安迪下了决心，坚决不能让日本以及其他公司在技术上超过英特尔，同时，安迪还下达了另一个命令，以后坚决不将公司的技术授权给其他公司。

安迪的这个命令被彻底地执行了，而这一命令也立即引起了IBM公司以及其他一些生产商的质疑。一直以来，各公司都将第二供应商作为确保按时交货的后备，给第二供应商一些技术授权是必要的，从来没有哪个公司破坏过这一不成文的规则。但是，现在这个规则被英特尔公司打破了。为此，生产商们提出多种多样的理由希望能够打消英特尔的这个念头，只是，他们注定要失望了。

安迪与摩尔早就已经做好了准备，他们在各地建立了许多工厂，而且英特尔的管理层也越来越有经验，他们已经能够根据市场的需求确定需要生产的数量。因此，虽然IBM曾经质疑过英特尔的生产能力，但是英特尔从来都没有延迟过交货的时间，这也让他们无话可说。

IBM并没有因此而对英特尔另眼相看，当英特尔公司的386处理器公布之后，IBM没有急着购买，他们希望通过这种方式让英特尔明白，虽然英特尔能够独立研究、生产，但是想要在销售上获得利益，还是要依靠IBM公司。

这一次，IBM公司却失算了。在他们告知英特尔没有购买386的打算之后，康柏公司悄悄联系了英特尔，成了386最早的买主。而后，在康柏公司新一轮的宣传中，他们郑重介绍了英特尔的386处理器，并且现场进行了演示，运行速度更快的电脑立即吸引了更多的顾客。而在这场较量中，失败最大的无疑就是IBM公司了。

1987年4月23日，安迪正式收到了首席执行官的任命，他迎来了事业上的上升期。在安迪的带领下，英特尔迅速以高调的姿态站在了整个计算机处理器的最前端。

到了1993年的时候，英特尔公司又推出了他们新的处理器——奔腾。奔腾处理器不仅更薄，处理速度更快，而且能够与传统的×86兼容。这些优点使得奔腾在公布之后就迅速成了众人追捧的目标。英特尔的销售业绩因此迅速增长，奔腾发展之势让英特尔公司中最担忧出问题的工程师们都放下心来。

他们不知道，一场危机正随着奔腾的畅销悄然而至。

1994年11月22日，安迪像往常一样，在斯坦福大学商学院给学生们讲解战略管理，当课程结束之后，他回到办公室，拿出学生的考勤表，给每位学生的课堂表现写上代表意见的分数时，电话突然响了，是英特尔公司一位负责通信部的管理人员打来的。在电话里，她告诉安迪，CNN（有线新闻电视网）通知说将要到英特尔公司就奔腾处理器所存在的问题进行采访，很明显，事情已经变得非常严重了。

在此之前，安迪已经知道了奔腾处理器出现的问题，其实也可以说这个问题只是一个"程序缺陷"。如果按照以往的处理方法，英特尔应当找到销售商及原始设备制造商，向他们说明奔腾处理器的这一缺陷，同时请销售商与原始设备制造商保密，并依此而签订协议。只是，这一次，英特尔并没有这样做。

英特尔认为电脑需要完成的事情很多，组成电脑的零件也十分地复杂，出现错误是非常正常的一件事情。而且，与曾经在其他处理器上出现的"程序缺陷"相比较，奔腾这次的缺陷简直可以忽略不计。

奔腾出现的问题主要是：当进行除法运算的时候，有一定概率出现错误，不过出现的概率极小，很明显，英特尔并不认为这个极小的概率会引起客户的重视，他们甚至认为，大部分的客户在使用电脑时，根本就不会遇到这样的问题，毕竟出现的概率太小了。

但是出乎英特尔意料的是，这样的错误竟然真的被客户遇到了，这位偶然发现问题的客户就是奈斯利教授。奈斯利教授在用配置有奔腾处理器的电脑进行一次运算时发现，如果用电脑进行长串数字的除法运算时，电脑运行的结果就不是正确的。为此，奈斯利教授还举了一个例子：765854646421.0乘以1/765854646421，正确的结果应该是1。但是如果用电脑计算的话，结果却不是1，而是一个非常接近1的含有18位小数的数字。

在奈斯利教授看来，这已经超出了"误差"的范畴，整个运算已经成为一个错误。奈斯利教授是在1994年6月发现这个问题的，但是当时他并没有将这个错误的原因归到奔腾处理器上，毕竟英特尔公司对奔腾处理器的用心程度众所周知。

不过，在经过长达4个月的探寻之后，奈斯利教授终于确定了，出问题的正是奔腾！奈斯利教授就这个问题去咨询电脑零售商，那名店主表示他并不知道这个问题。奈斯利教授只好去找英特尔的技术人员，但英特尔的技术人员答复得非常慢，而且答复结果也无法令奈斯利教授满意。

奈斯利教授在英特尔技术人员答复他时发现了一个问题，那就是英特尔的技术人员很明显知道这个缺陷，而且他们并没有将这个问题特意知会销售商。奈斯利教授为自己的这个分析结果感到愤怒不已，他觉得这个问题并没有引起英特尔公司应有的关注。奈斯利教授将自己的这个发现详细地写在了电子邮件中，发送给了一些相关的组织机构。

奈斯利教授的电子邮件发送出去之后，很快引起了不小的轰动。在短短几天内，社会上到处是针对英特尔公司的质疑声，但是英特尔仍然将这些声音给忽略了，就连安迪知道了这件事情后也只是一笑而过，认为没什么大不了的，不值得关注。

只是没想到，这件事情并没有随着英特尔的忽视而渐渐消失，反而有着愈演愈烈之势。直到安迪得知CNN将就此事进行采访时，他才意识到这件事情已经到了非常严重的地步。

4. 危机带来的思考

CNN员工的工作效率非常高，采访结束之后，他们迅速地根据采访内容制作出一个短片在第二天就播出了。这个短片的内容对英特尔而言非常不利。

随着这个短片的播出，英特尔的处境似乎在一瞬间就陷入了低谷之中，那段时间里，到处是对英特尔的指责声，似乎每一个人都对英特尔的不负责任愤怒到了极点。

随后，更让英特尔感到雪上加霜的是，1994年12月12日，IBM发表公开声明：从此以后，IBM将不再销售装有奔腾处理器的电脑。IBM的这一声明让安迪以及英特尔的众多员工愤怒不已，大家都认为，无论如何，IBM在做出这一决定的时候，都应当提前知会一下儿英特尔。毕竟在声明之前，两个公司还是合作关系。

然而IBM公司的主管只是在声明之后，才向英特尔发了一份传真，在传真上解释说，当他们做出这个决定的时候恰逢周末，而他们没有安迪家中的电话号码。这样的解释，令英特尔公司的所有人都无法信服，因为大家都知道，安迪早就因为害怕有紧急事件发生而将家中的电话号码公开了。

可英特尔公司已经没有时间和精力去指责IBM公司的行为了。一连串针对英特尔的行为让众人都焦头烂额，大家都没有想到，一个几乎可以忽略不计的"程序缺陷"，竟然会成为引发英特尔公司危机的导火索。

接下来的时间里，安迪经过与众人的反复商议后，最终决定：向客户公开道歉，并且做出承诺，无条件更换奔腾产品！

其实，当英特尔意识到这件事情不会自己停止的时候，克瑞格·贝瑞特就曾提出建议，放低英特尔的姿态，发出可以更换芯片的声明，但是被安迪一口否决了。安迪并不认为更换芯片是一个好的解决方案。

对此，安迪说道："我们的科研部门一直都在努力，为新一代产品而努力。如果这次因为客户的不满意，我们就为他们更换芯片，那么是不是当我们新一代产品出来后，只要他们表示出不满，我们仍然要为他们更换芯片？"

安迪一直认为，市场上的那些反对声音，根本就属于"噪音"，是英特尔公司的那些对立公司刻意引发出来的，那仅仅代表了这些同行对英特尔的羡慕与嫉妒，而无法对英特尔产生丝毫影响。

当事情过去之后，安迪静静地坐着，思考着这次风波前前后后一系列的事情，他终于认识到，在这件事情上，自己并没有能够及时采取一个正确的态度去对待它。

如果在公司的技术人员发现奔腾存在的问题后，安迪能够让相关人员及时联系零售商，告知这个问题；如果安迪对这个问题足够重视，让公司技术人员特意对此寻找出一个解决方案；如果安迪能够在第一时间就采取克瑞格·贝瑞特的建议……

当然，这些都已经成为过去，最终，安迪为自己毫不在意的态度支付了4.75亿美元的账单！而且，这次的危机还让英特尔丧失了IBM这样的合作伙伴，更遭到了大多数客户的质疑，其实，这些才是英特尔真正的损失。

安迪没有忘记，当市场上出现对奔腾的质疑声时，自己却异常愤怒地站到了客户的对立面，不断地指责着客户。安迪明白，当事件发生后，自己就一直站在了错误的位置上！安迪错误地将自己放在了工程师的位置上，同时也错误地将客户放在了技术人员的位置上。

安迪同他们激烈地争论，仿佛客户们正在抓住一个小小的技术问题死死不放，而他则无法容忍客户们为了这么一个小小的错误而将自己和科研部门的智慧结晶否定得一无是处。

那些日子里，安迪几乎没有平静的时刻，他同几位总经理大喊大叫，将他们骂了个狗血喷头。他说，事情的源头就在这几位总经理的身上，正是他们的不负责任才会让这样有缺陷的产品送到工厂，最终流向了市场，给英特尔带来了巨大的损失。

但即使安迪最愤怒的时刻，他也没有过分指责与此次危机有关的工程师。对此，安迪的解释是：当一个人犯了错误之后，最正确的做法是找到错误的原因并及时更正。这也是安迪在此次事件中得到的教训。

当事情完全结束后，安迪重新回想这段时间的点点滴滴，他忽然发现，这些日子里，自己竟然如同变了个人似的，一点儿也没有了曾经的冷静与果断。

一直以来，每当遇到困难的时候，安迪都能够将自己置于事情之外，就好像自己既是演员又是观众一样。这样，安迪就能够随时根据自己的判断去调整自己的行动，从而做出更加明智的决定。

但是，这一次，安迪觉得自己过于投入了，完全成了舞台上的演员，失去了舞台下那双紧紧盯着自己的目光。安迪不断地问自己，究竟是什么原因让自己变得如此得意，甚至完全自以为是，最终造成了严重的后果。

最后，安迪在财务分析表上找到了这个答案。那就是因为奔腾前期的市场过于火爆，这种畅销的场景让安迪以及众多工程师有了自大的念头，让他们认为自己的产品是最优秀的，从而所有人都开始变得骄傲起来！

而这件事情沉重的代价也让安迪与众多工程师从自己的美梦中醒了过来，大家重新认识了一下儿自己的工作，所有一切的忙碌都只是为了能够进一步提高产品的质量，而提高产品质量的目的是为了能够获得更高的销量，从而获取更大的利润，而不是完全抛却客户的意见，只凭借自己的喜好去研制产品。

事情终于结束了，虽然遭受了巨大的损失，但是安迪认为，这一切都是值得的。至少现实给了大家当头一棒，让所有人从此以后不敢妄自尊大，更加踏实地去投入工作。

5. 蒸蒸日上的英特尔

奔腾处理器的问题虽然给英特尔带来了极大的危机，不过好在安迪及时醒悟过来，做出了最明智的决定。虽然最终付出了沉重的代价，但是也成功地挽救了英特尔的声誉，让大家重新对英特尔充满了信心与希望。

通过一连串的调整与思考，安迪与英特尔的众多员工也及时从骄傲自大的情绪中走了出来，他们能够更加清楚地认识到自己的位置，以及应该具有的态度。安迪也为自己在事件中所表现出来的不理智而自责，并且公司现状也让安迪感到非常满意。

1995年10月3日，安迪出席了第7届世界电信博览会，他是代表着整个计算机产业而参加这次盛会的。这个时候，已经没有人再认为英特尔只是一个小小的零件供应商了。因为英特尔已经用他们实实在在的销售业绩向人们证明了自己的价值。

在安迪的带领下，英特尔依靠着良好的管理制度、庞大的生产规模以及拥有顶尖技术的科研团队，在奔腾推出后的短短三年内，就成功推出了第二代奔腾处理器！他们的研发速度让众多同行望尘莫及。也就是这时，计算机行业的诸多公司才发现，原来在不知不觉中，英特尔已经成功超越了他们，站在了行业的顶端！

这一年，英特尔销售电脑的数量近6000万台，收入更是达到了162亿美元之多，而曾经由于奔腾问题带来的股票下跌现象也成功出现了转折，开始大幅度地上涨。不仅如此，英特尔在世界500强的排名也冲到了第60位。

安迪兴奋极了，经历过奔腾事件之后，他已经能够让自己时时处于冷静的状态了。安迪不仅让销售部门的负责人给了自己一份销售报告，还让他把对未来的相关预测以及来年的销售计划也交给自己。

最终，那位负责人交上来的计划与安迪的想法不谋而合。他们都认为，随着时间的推移，个人电脑将会越来越多地融入每个人的生活中。而对于主流电脑市场而言，奔腾处理器是他们唯一的选择。因此，他们都相信，英特尔这一年财富的上涨并不会结束，而仅仅是一个开始，第二年将会有更多的财富流入英特尔公司。

因此，站在世界电信博览会上的安迪没有丝毫的紧张，他一如既往地采用了自己"先演示，后演讲"的风格。首先他展示了两位位于不同地方的医生通过电脑进行讨论，最终得出治疗方案的例子。当两位医生结束讨论的时候，安迪也简单地介绍了一下自己，然后同他们交流了一下儿对于电脑视频会议的使用心得。

演示结束之后，安迪开始了自己的演讲。他提出，随着计算机性能的不断增加与完善，未来将会有更多的个人电脑走进普通人的生活，随之也将会有更多的功能融入普通人的生活之中。

同时，安迪也提出，计算机行业要不断地更新技术，紧紧跟随着时代的脚步，才能够在激烈的竞争中牢牢地占据一席之地。

最后，安迪提到了"互联网"的相关信息。他认为，随着个人电脑的普及，互联网这样原本只能由专业人士进行操作的事物，将会在未来成为解决人们日常生活困难的一大得力助手。

安迪在一片热烈的掌声中走下了主席台，虽然演讲的内容大多都源自于自己的猜测，但是安迪相信，凭借着目前电脑发展的状况判断，自己所做出的那些猜测实现的可能性很高。

第二年的销售状况果真没有令安迪失望，大家的销售业绩刷新了所有的纪录，收入达到了208亿美元，股票也再次增长。没有人能够想象，英特尔竟然创造出如此巨大的奇迹。如果从股份持有者的角度来看，英特尔的价值已经在美国诸多公司中独占鳌头了。

这一年，果真如同安迪曾经预测的那样，客户对个人电脑的需求热情持续高涨，这一年个人电脑销售的总量达到7000万台，而在这些电脑中，几乎80%—90%安装的处理器都是由英特尔公司设计、制造的。

不过，英特尔并没有停止追逐新科技的脚步，他们仍然投入极大的精力去研制、开发新的产品，以便取代自己公司的旧一代产品。对此，一位资深股票分析家认为："英特尔公司因其不断的更新产品而极具市场竞争力，当对手还在竭力模仿英特尔的产品时，英特尔新一代的产品就又已经公布出来了，因此，英特尔完全能够一直在市场上处于主导地位。"

正如同这位分析家所言，安迪从来都不满足于跟随着别人的脚步前行。这个时候的安迪，只希望能够在前进途中留下一串脚印，更希望留给后来者一个迅速前行的背影。安迪一直认为：如果说每一个行业都需要有强者作为领头人的话，那么为什么不由自己来做这个领头人呢？

安迪的这个理念也深深地激励着英特尔公司的所有人，并且很快就成了他们行事的一个标准。同时，在安迪的不断示意下，大家很快也知道了英特尔下一任的接班人将会是——克瑞格·贝瑞特！

在奔腾出现问题时，克瑞格·贝瑞特就曾冷静地提出过最合理的建议，只不过当时被麻痹大意的安迪否决了。后来，当安迪冷静之后，经过一番深思熟虑，他终于认识到，克瑞格·贝瑞特的建议才是最合理的解决方案。而最终，也正是依靠着这个解决方案解决了奔腾的问题，而且还让更多人了解和支持英特尔。

也正是从那时开始，安迪就觉得将英特尔交到这样一位决策者的手中将会是一个很好的决定。在经过克瑞格·贝瑞特的同意后，安迪逐渐降低自己对公司的影响，而将克瑞格·贝瑞特推到了众人之面前。

第九章 不屈的呐喊

1. 害怕离别

由于幼年时经历过一次次痛苦的离别体验，安迪非常讨厌离别的气氛，无论要分开的是自己的亲人还是朋友。

有一位安迪非常看重的员工曾想要辞职离开，他清楚地记得安迪当时非常气愤地对他说："如果你不经过仔细思量就离开的话，那么你将不会有任何的成就，你也不会有任何东西可以留给子女！"

安迪的这些话说得很严重，而且一点儿都没有给对方留下回缓的余地，但那名员工知道，这就是安迪，从来都是直观明了地表达自己的观点，而不会有太多的顾忌。最终，那名员工苦笑着拿回了自己的辞呈，死心塌地地留了下来。不过，安迪当时劝他留下的话语也传了出去，成了大家的笑谈。

安迪知道后，一笑了之，不过，安迪不忍与朋友分离的心态由此可见一斑。与此相应，安迪也非常在意自己的亲人。当初，如果不是曼奇跑到安迪的家中劝说安迪早日离开，并且安迪也亲眼见到过城中危险状况的话，他是无论如何也不会同父母分开的。

安迪始终记得，当初父亲前去参加劳动大队，而自己与母亲分开的时日。那时安迪寄居在约瑟夫叔叔家中，约瑟夫叔叔和他的夫人每天都非常忙，没有时间陪他。而且，即使大家都为了躲避炮弹而进入到防空掩体中，安迪也不敢同其他人交流，他害怕自己会不小心露馅，让别人猜出犹太人的身份。

那些凄苦的日子里，唯一陪伴安迪的就是一本写着小猫生病、最终康复的故事书，安迪总是一个人静静地看书，将这个故事看了一遍又一遍。因此，当安迪的母亲出现并决定带走安迪的时候，他高兴极了。

虽然跟随着母亲要时时刻刻地面对危险，但是能够和母亲在一起，安迪已经觉得非常满意了。为了能够跟着母亲，也为了能够保护自己的安全，安迪记住了一个长长的名字，还有这个名字里所包含的故事。

在这之前，安迪也同母亲分开过一次，那是在安迪跟着母亲还有亚尼叔叔去郊外野游的时候发生的事情。当时，年幼的安迪带着自己的玩具水杯前去打水，结果当他原路返回的时候，他发现自己迷路了，原本美丽的灌木丛在安迪的眼中也成了阴森可怖的怪兽。年幼的安迪大声地哭喊，无论周围的人们如何安慰都无法停下来，后来，安迪母亲和亚尼叔叔终于找到了安迪，安迪抱着母亲许久才慢慢停止了哭泣。

安迪始终无法忘记，当自己身处陌生环境中时的那种无助、恐惧的情绪，周围的一切似乎在瞬间都脱去和善的外衣，露出了凶残的本性。

也正是因为这些原因，所以安迪即使是在准备逃离匈牙利，前往美国的时候也约了自己的一个朋友——扬奇。他们一起逃出匈牙利，在奥地利分开，然后各自前往美国。

在路上担惊受怕的感觉让安迪更加思念自己的父母，他希望能够尽快与他们团聚。因此，到达美国后，他尽自己最大的努力去攒钱，然后将父母都接到了美国。从那以后，安迪才终于松了一口气，他终于又可以同父母在一起生活了。

当安迪的父母来到美国后不久，安迪便在帕洛阿图的罗斯路买了一座房子，然后一家人搬了进去。安迪的父母也终于在美国安定下来，虽然后来都没有工作，但安迪也非常高兴。

后来，随着安迪女儿的降临，安迪和伊娃商议后，将隔壁的房子也买了下来，安迪的父母搬了过去。一家人在一起的生活，和睦而温馨。这样生活过一段时间之后，随着安迪工作的变迁，安迪和伊娃又带着女儿们搬到了硅谷的一处漂亮小区里，在那里定居了下来。

安迪的父母不愿意再搬迁，选择留在了罗斯路。父母的选择让安迪有些失落，这就意味着以后不能每天回到家就见到父母了，但是安迪仍然尊重了他们的选择，并常常会抽出时间给他们打电话，问问他们的情况，陪他们聊聊天。

这种情况一直持续到1987年，那一年，安迪的父亲去世了。

安迪看得出来，父亲的去世对母亲的影响很大，而且随着年龄的增长，母亲的脾气也越来越坏，这也影响了她同安迪妻子伊娃的关系。于是，安迪雇了一名保姆，让保姆每天陪着母亲，而安迪虽然不能每天都抽出时间来看望母亲，但是他会每天都给母亲打个电话，陪母亲说说话。

虽然父亲的离世、母亲的转变都让安迪感觉非常悲伤和担忧，但是，安迪并没有放松对公司的管理。安迪明白，一个公司想要发展壮大，不仅要有严格的组织和纪律，更要求所有人能够认真地遵守与执行。

安迪曾经为此而特意制定了一张"迟到签名表"，无论大家在公司中担任什么职务，如果上班迟到了，那么必须在这张表上留下自己的名字。安迪的这个决定遭到了许多人的反对，大家也为此而提出过抗议。

但是最终安迪还是将这个规定强行施行了。而这条政策，不仅给大家带来了压力，对于安迪而言，他需要承受更大的压力。作为这个规定的发起人，安迪是无论如何都不能在这张表上留下自己的名字的，也就是说，每天安迪必须保证完成自己的任务，还得确保第二天能够早早地起床，及时赶到公司。

曾经有员工笑称，见到过他们的副总裁为了不迟到而在停车区跑步前行。安迪也曾说过："我们的员工中有许多的百万富翁，但是，他们也必须在清晨5点的时候就起床做好上班的准备。"

每一天，安迪都非常辛苦，但是他总会在百忙中抽出时间给母亲打个电话。他知道，现在孤单的母亲就像曾经在游玩时迷路的自己一样，害怕孤独，渴望被关心，渴望亲人温暖的问候。

安迪一直坚持着这个习惯，一直到2002年母亲去世。

2. 生死抉择

1993年，负责安迪一家身体状况的内科医生退休了，安迪在朋友的建议下，又重新聘用了一位医生，而这位医生非常年轻。

这位年轻医生上班后的第一件事就是为安迪进行体检。因为是例行检查，而安迪一直也没有感觉到有什么不舒服的地方，所以，他并没有将这件事放在心上。

不过，当检查结果出来后，却并非一切正常。除了正常的检查外，57岁的安迪还在年轻医生的建议下，做了PSA检测。虽然以前

安迪·格鲁夫传

的那位医生也常常为安迪进行例行检查，但是PSA检测安迪还是第一次接触。

而安迪PSA检测的结果显示偏高，普通人的PSA范围是从0—4，但是安迪检测的结果超出了这个范围，他的结果是5。安迪同年轻医生交谈过之后，了解到这种状况有可能是癌症的症状。

对此，年轻的医生给出了自己的建议："虽然有点高，不过并不能说明什么。如果您方便的话，我建议您还是找专业的泌尿科医生检查检查。"这个时候已经是1994年秋天了。

年轻医生的建议让安迪觉得这个检查结果并不重要，也就没有在意。不过，当曾经学习过健康护理的小女儿给他打电话时，他无意中提到了这件事，并问这个检查结果能不能说明什么问题。安迪的小女儿并没有对此说什么，她提出帮助安迪约一位对前列腺癌有研究的内科医生，不过由于安迪要忙的事情比较多，最终，安迪的小女儿只好将那位医生的电话号码给了安迪，让安迪与医生通过电话进行交流。

安迪同那位医生交流一番后，总结出一个结论：PSA值并不能说明什么问题。当初拿到检测报告的时候，因为有了年轻医生的建议，安迪就没有过多的担心，现在听到电话那端医生所说的话，安迪更觉得没有必要再为此而去寻找泌尿科医生了。

1995年初，安迪觉得自己需要一个假期，在这个假期中滑滑雪，好好地休息一番，然后自己再写一本书。当安迪开始考虑这些东西的时候，他忽然又想起来PSA的事情。

于是，安迪使用电脑到网上去查找。在一个与前列腺癌有关的论坛里，他找到了自己想要知道的东西。在这个论坛里，安迪对PSA以及前列腺癌的治疗方案等都有了个大概的了解，他也认识到，PSA的数值越高，说明肿瘤就越大。

这时，安迪有些担心了。他请了两家医院的医生对自己进行PSA检测，随后两家医院给出了一个共同的结果，那就是安迪的PSA值已经超过了6.0!

安迪带着一丝侥幸去找泌尿科医生，进行了活组织检查。检查结果要过些天才能出来，因此安迪一边继续着自己的工作，一边等待着检查结果。他对自己的助理卡伦·索普交代道："如果有某某医生的电话，请及时通知我，哪怕我是在会议中。"

安迪的助理索普为安迪如此重视的态度而感到吃惊。她知道一定是有什么事情重要到安迪必须亲自关注的程度，但是安迪并没有告诉她是什么事，她也就没有追问，只是将安迪所说的那位医生的名字牢牢地记住，并把这件事放在了心上。

一天，当安迪正在会议室开会的时候，索普过来通知他，泌尿科医生打电话来告知安迪检查结果了。"安迪，很抱歉我不得不告诉你这个消息。我已经能够确定你得了前列腺癌，主要在右部，不过左边也有一点儿。好在有一点比较乐观，那就是这个肿瘤扩散的概率不大。"

放下电话之后，安迪以最快的速度去见那位医生。医生非常直接地告诉安迪："您现在有以下几个选择：做手术、放疗，或者放弃治疗。"

医生还告诉安迪，做手术的话也分外科手术和冰冻手术。不过，医生比较倾向于外科手术，他说外科手术的成功率非常高。

安迪对此却有些迟疑，因为在论坛中，他已经了解到，外科手术的治疗不仅难以康复，而且副作用十分严重。当安迪就这一问题向医生咨询时，医生表示，医院对于副作用都已经有了完善的解决方案。

安迪再三思量之后，决定再向其他医生咨询一下儿。那些天，安迪预约了许多这方面的专家，他又重新拿起自己做研究的那种钻研精神，决定向前列腺癌的领域发起进攻。

安迪让伊娃去图书馆帮助自己寻找相关方面的资料，他则仔细地阅读、总结这些资料，然后依照着自己的状况进行分析。除此之外，安迪也会收听一些有关前列腺癌的录音，阅读一些专刊。

刚开始接触的时候，安迪觉得大量的事例让自己非常迷惑，然而，随着他深入地学习与研究，安迪对前列腺的了解越来越多，他终于明白了：其实，对于前列腺癌来说，并没有一个完全可靠的治疗方案。

而且，就现有的治疗方案而言，每一种方案都有人提出支持，而对于那些已经摆明了立场的人来说，其他方案都一无是处，完全不可取。安迪就曾在论坛中读到过一名飞行员的事例。

那名飞行员得了前列腺癌之后，在医生的建议下做了外科手术，但是手术后，这名飞行员觉得非常痛苦。外科手术成功地挽救了他的生命，他却因此而失去了健康和工作，已经无法享受生命的美好了。

对安迪而言，现在已经站到了生与死的抉择面前，但是能够给自己建议的医生却僵持不下，每个人都坚持着自己的观点，不肯承认他人的优势，这样的结果让安迪颇感无奈。而且，这个艰难的问题并没有给安迪留下很长的时间去解决，他必须尽快找到最为有效的治疗方案，这关系着他的生命安全！

3. 战胜癌症

那些日子里，安迪的助理索普经常会接到陌生人的电话，而这些陌生人的身份都是医生，不仅如此，每一位医生的电话，安迪无论正在做什么，都会在最短的时间内接听。这些都让索普感到非常困惑。

有一天，索普终于忍不住，向安迪问了这个问题。安迪看了一眼这个已经陪伴自己多年的伙伴，将事情对她和盘托出，最后提出了请她保密的要求。索普大吃一惊，她没有想到，安迪的身上竟然患有如此严重的疾病！更让她震惊的是，安迪竟然还能够和往常一般无二地上班，没有露出丝毫的口风。

索普答应了安迪的请求，并没有将这件事情外泄。她也帮助安迪搜集资料、总结经验，希望能够帮助安迪尽快找到治疗方案，养好身体。

由于已经咨询过的几位医生意见不一致，导致安迪无法在他们的意见之上做决定，所以安迪将关注的重心转移在有关前列腺癌的大量事例上。而这些资料的来源，安迪也已经计划好了。

安迪想到的第一个查找资料的方式就是通过网络进行查找。在前列腺癌的论坛上，安迪看到过许多病人以及家属的一些交流和建议。在论坛上，还有许多人的亲身经历，这些都给安迪查找事例带来了很多的方便。更重要的是，安迪也可以通过网络与那些病友还有专家进行沟通，从而了解每一种治疗方式有可能产生的后果，以便从中找出最适合自己的治疗方式。

阅读学术期刊，是安迪能想到的第二个信息来源。由于这些期刊只有经过众多专家审查才能够发表，所以里面文章的价值都比较高。并且这些期刊中，每一篇文章都代表着一位致力于此区域的医生的态度，而且这些文章都是作者观点的精华，通过对这些文章的研究，安迪能够站在更高处看待前列腺癌这个问题了。

安迪也明白，无论是网上查找看到的有关病人的事例，还是通过学术期刊发表出来的观点，这些都只能是给自己最终制定治疗方案提供一些参考，并不能代替自己做出决定。

而对于学术期刊中提到的各种治疗方案成功的概率，安迪直接选择忽略了。或许，这样的概率能够很好地支持这些医生的观点，但是对安迪而言，这些数字对自己的病情并不会有任何的帮助，它们唯一起到的作用，就是为安迪选择治疗方案提供一个参考，仅此而已。

在不断的学习与研究中，安迪认识到，如果自己向医生咨询最佳的治疗方案时，他们会向自己推荐他们所擅长的方案。但是，当安迪从另一个角度向医生问道："如果，现在得了前列腺癌的是您，您会怎么做呢？"

几乎所有的医生都是一个回答："我会选择做外科手术。"无论这位医生自己负责的是哪一种治疗方案，他们的回答都会是这样，这一点让安迪非常疑惑。一次偶然遇到一位能够冷静对待放射疗法和外科手术的医生时，安迪提出了自己的疑惑。那名医生回答道："很简单，在我们学习的时候，一直都被迫接受着这样一个理念：外科手术是治疗前列腺癌的不二选择。"

后来，安迪又了解到，除了自己以前曾听说过的治疗方案外，其实还有一种粒子疗法，这种治疗方法也有两种方式：其一，针对前列腺部位进行放射，选择性地杀死癌细胞；其二，将放射性粒子植入到腺体上，直接针对肿瘤进行放射。不过第二种治疗方式对植入的要求很高，因为如果不能植入到正确的位置，那么就有可能错过最佳治疗时间，不仅无法杀死癌细胞，而且癌细胞还会扩散更多，甚至转移到其他地方。

不过，安迪很快又了解到，现在的医疗技术已经能够精准地确定粒子植入位置了，也就是说，这种治疗方法已经可以发挥它最大的功效了。

除此之外，安迪又接触了一种激素疗法。安迪手中的许多信息都表明，激素疗法可以使肿瘤缩小，虽然有些副作用，但是"大多数副作用都是暂时的"，安迪立即就开始采用了这种治疗方法。

虽然开始了治疗，但是安迪通过资料了解到，激素疗法只能将肿瘤缩小，而无法去除，最终他仍然需要在外科手术、粒子治疗这些主要的治疗方式中做出选择。

眨眼之间，就到了1995年7月，安迪必须做出决定了，他的病情已经不容许再拖延下去了。为了让绷紧的神经能够得到舒缓，安迪与妻子还有朋友一起约定好外出旅游，就在旅游的途中，安迪将自己这段时间以来所搜集的资料都放在了一起进行比较，然后确定出自己的治疗方案。

安迪知道，像自己这样的对比，医生们是不会做的。他们更青睐于将自己的观点用数据更加明了地表现出来，而不是针对这些数据进行比较。这种方法，只有安迪他们在半导体的研究中才会被常常用到。

通过对比，安迪认识到，那些医生反对放疗的原因中最重要的一点，就是他们觉得放疗无法彻底治愈前列腺癌，或者说是无法让PSA值降至零。但是，安迪手中几乎所有的资料都只统计了一些大概的数据。

所以，在安迪的眼中，那些医生反对的原因根本不成立，同时，外科手术所带来的副作用也让安迪存在着深深的恐惧，最终，安迪决定，采用综合治疗的方案来解决自己的前列腺癌。做好决定之后，安迪不再向众多医生咨询，而是直接前往西雅图的一家医院，准备在那里进行治疗。

安迪一直在西雅图的那家医院里待了三天，他去那家医院的时候是星期二，到了星期四的时候他就出来了。这三天，安迪一直在进行体内放疗，不久之后，他又开始进行体外放疗。体外放疗的时间比较长，而且对安迪的工作也造成了一些影响，因为他不得不避免长时间工作，中午的时候必须休息。

好在这样的治疗在28天之后也结束了，安迪的前列腺癌就这样在一个多月的时间里被治好了，虽然有可能复发，但是没有任何的副作用。对安迪而言，他已经完全恢复了健康。

4. 功成身退

当安迪得知治疗结束之后，他又迅速地投入到紧张的工作之中了。不过，在此之前，他忽然想到要将自己与前列腺癌抗争的故事讲述出来，让更多的病友们能够因此受益，从而去寻找适合他们的治疗方案。

不过，安迪也知道，自己每天的时间都非常紧张，是不会有时间去为这些病友们解答疑惑的，这个任务他只好交给了自己的助理索普。而索普从接受这个任务开始，就发现，每天自己需要接听的电话更加频繁了，这些打电话的病人或者他们的亲人们，有些是看到安迪发表出来的故事后打电话过来的，而有些则是听到朋友的谈论后才决定打电话的。

　　对于每一位打电话过来的患者或者是患者的亲人朋友，索普都会将安迪曾经咨询、搜集的那些资料与信息给他们发一份，有时候也会直接在电话中将那些专家的信息告知他们。这些患者无一例外地都对索普表示出了强烈的感激之情。

　　这让索普在快乐之余也不禁感到一丝羞愧。当初，当安迪向她表示出想要将这些故事发表出去的想法之后，索普曾经坚决地反对过。索普认为，虽然安迪曾经是一名前列腺癌的患者，但是他还有一个更重要的身份，那就是英特尔的首席执行官。索普非常担心，如果安迪的这个故事发表出去之后，会影响到英特尔的股票价格。

　　安迪仍然坚持了自己的意见，将故事发表在了《财富》杂志上。安迪认为，小时候的生活环境中有太多的束缚，也正是因为这些无法反抗的制约让安迪对美国产生了浓厚的感情。

　　而现在，自己已经在美国生活了这么多年，难道还要因为各种原因而拒绝做真实的自己吗？安迪的答案是“不，坚决不再重复以往戴着面具的生活！”于是，安迪果断地将自己的故事发表了出来。

　　当然，故事发表后所带来的影响也让安迪感到十分欣慰。安迪只是想能够通过自己的这些经历给仍然与病魔抗争的患者们带来一些希望，并且为他们提供一些可以借鉴的方法，这样的话也会提高患者们生存的概率。而索普对此做出的汇报让安迪感到十分地满意，毕竟自己的故事已经引起了如此多患者的注意，那也就代表着，这些患者将会有更加准确、详细的参考方案，而他们也将可以更容易地制定出自己的治疗方案。

不过，安迪并没有再继续关注这方面的事情，英特尔中还有许多的事情需要他去做决定。1995年10月3日，他代表整个计算机行业参加第7届世界电信博览会，还在会上做了重要发言。

安迪从来都没有停止过对未来更进一步地追求与探索。1996年，一位记者在采访安迪时曾经问过这样一个问题："您目前的计划是什么？"

对这个问题，安迪表示，随着个人电脑的普及，互联网的应用也会越来越广泛，而这不仅是一个挑战，更是一次机遇。同时，安迪也表示："我们将致力于让电脑更加人性化，以便能够更迅速地融入每个人的生活中。"

当问到英特尔盯准的下一个目标是什么的时候，安迪笑着回答道："我们其实有着许多的目标，不过，离我们最近的一个目标是电视。"

当这次的采访即将结束的时候，有位记者对安迪说道："您对未来电脑的描述已经远远地超出了我们的想象，这让我们对未来都充满了期待，希望您和您的公司能够早日让这个目标实现。"

英特尔的发展一如这位记者的祝福，1997年的时候，英特尔的销售业绩再创新高，而且在500强排行榜上已经排到了第38位。也就在这一年，安迪升任为英特尔董事会主席兼首席执行官，名誉主席则是摩尔。

同时，这一年也是安迪进行演讲最多的一年，他每一天的时间都被安排得十分紧凑，而且需要经常在外奔波。虽然每天都非常劳累，但是安迪仍然将自己的生活安排得井井有条。每次需要去外地的时候，安迪都会带上伊娃，在紧张的工作时间之余，他们也可以感受到不一样的欢乐和温馨。

当这一年即将结束的时候，安迪迎来了自己的另一份殊荣——他被《时代》杂志评选为1997年的"年度人物"。

由《时代》杂志评选出来的"年度人物"都是影响力巨大的人物，而随着《时代》杂志这些年来不断地评比，人们已经将"年度人物"当作一种巨大的荣誉。如果能够被《时代》杂志评选为"年度人物"，那么就足以说明有大多数的人已经肯定了被评选的这个人拥有着别人无法匹敌的影响力。很明显，安迪正是这样的一个人！

安迪有着无与伦比的自信、智慧与果断，在他的带领下，英特尔的事业虽然几经波折，但是最终仍然站到了世界财富的顶端之列。而《时代》杂志的评选，则是大家对安迪奋斗多年的最大的肯定。

这个时候，安迪已经不再需要做出任何举动来吸引别人的关注了。此时他已经披上了世界上最璀璨的外衣。世人都清楚，安迪才是英特尔的支柱，才是整个硅谷那颗最耀眼的明星。

但是受到众人瞩目的安迪，开始萌生了退休的念头。其实安迪早就已经想要退休享受闲适的生活了，只不过这些念头被他深深地埋藏在了心底。现在，安迪已经得到了自己期待的最高的荣誉，克瑞格·贝瑞特处理事情的能力也日渐成熟，最重要的是，经过了前列腺癌的危机之后，伊娃也一直深深地担忧安迪的健康，她希望安迪可以考虑一下儿退休的事情。

安迪与伊娃的感情一直都非常的好，他很重视妻子的建议，而且这一次，安迪也感觉到，似乎自己退出的时候真的到来了。1998年，安迪辞去了总裁的职务，保留了董事会主席的职位，而克瑞格·贝瑞特则成了新一任的首席执行官。

5. 顽强地抗争

安迪辞去英特尔总裁的职务之后，并没有完全淡出人们的视线，他一直持续着自己的学习，并再次拿起写作的笔，在2001年的时候，成功出版了《游向彼岸》这本书。

这时候的安迪不仅生活发生了翻天覆地的变化，他对待健康的态度也发生了极大的改变，因为他开始频繁地造访医疗中心了。

有一天，当安迪同自己的老朋友泰勒一起散步时，泰勒在不经意间发现安迪的右手不时会有颤抖的现象。起初，泰勒还以为是自己眼花了，不过，在观察一段时间后，他确定自己并没有看错。

这时，安迪才发现了老朋友的脸色有些凝重，于是就问道："老朋友，发生什么事情了吗？"

泰勒郑重地向安迪回答道："我发现你的右手会不时地颤抖，这不是一个好征兆，我建议你还是去医院做个全面的检查，这样会保险一些。"

经历过前列腺癌的事情，安迪已经不敢再像曾经那样忽视医生的警告了，尤其这位老朋友还是一名精神病专家，以前做过医生。于是，安迪迅速安排好时间，去医院做了全面的检查。

检查的结果让人非常沮丧：安迪被确认为帕金森病。通过医生的解释，安迪了解到，帕金森病将会随着时间而表现出越来越严重的症状，或许将来会出现无法行走、讲话，无法照料自己的日常生活等状况。

而且，更糟糕的是，目前的医疗水平还无法治愈帕金森病，也没有相应针对性强的治疗方法。好在还有许多方法可以缓解这些症状，其中最常用的一种方法就是服用左旋多巴。

但是左旋多巴的延缓作用将会随着服用次数的增加而减小，而且如果左旋多巴失去了作用，那么将不会有任何药物可以再次阻止帕金森病的病情加重。

安迪还了解到，其实还有两种方法有治愈帕金森病的可能，不过，这两种方法的风险都极大，而且成功率极其微小。

第一种方法是脑深层刺激术，就是通过对脑细胞的刺激达到继续分泌多巴胺的目的，这是一种外科手术。

第二种方法则是为大脑植入干细胞，从而依靠这些干细胞再产生新的能够工作的脑细胞。

让安迪失望的是，这两种方法目前都只是存在理论上的可能，并没有成功的临床案例。除了这些外，安迪问到的所有专家都一致认为，帕金森病情的发展令人难以捉摸，毫无规律。如果病情并不严重的话，病人根本就感觉不到自己已经生病了；不过，如果帕金森病暴发的话，将会在很短的时间内让病人的状况持续恶化，最终死亡。

安迪在老朋友泰勒的建议下前往医院检查的时候，医生根据检查的结果说，安迪生病的时间至少已有半年之久了，而泰勒发现的手指颤抖就是这种病的一个症状。到2003年的时候，帕金森的症状

安迪·格鲁夫传

173

在安迪身上已经非常明显了，但是还没有过分影响到安迪的生活。

然而，过了一年的时间，病情却迅速恶化起来，安迪的手已经颤抖得无法为自己戴上隐形眼镜了，而且，他的声音也越来越模糊、越来越小，走路的速度也越来越慢。只是，帕金森病症没有能够影响到安迪对事情的认知与分析，他没有变得像大多数病人那般颓废与消极，而是采取了一系列能够与病魔进行抗争的措施，比如坚持每天锻炼，请专家帮助自己恢复讲话能力等。

如果说安迪可以忍受手的颤抖，可以忍受脚的迟缓，那么无法演讲就成了安迪最介意的事情。英特尔创立之初，就规定每年必须召开营销大会，而每一届的营销大会，安迪都会前往参加，并做演讲。只是，随着病情的加重，安迪已经无法再像曾经那般意气风发地给众人演讲了。

即使这样，安迪依然坚持着要参加2005年的营销大会，他计划着当自己演讲的时候，一定要将自己最爱的妻子介绍给这些同事们，他还计划让伊娃也在众人面前做个演讲。这些都是安迪自己的安排，他希望能够给伊娃一个惊喜，因此并没有提前告知她。然而，当安迪即将上台演讲时，他突然发现自己的手指竟然不听使唤了，也就是说，安迪无法在演讲台上自由地翻动演讲稿了。

这时，有人提出建议，打开安迪早已准备好的演讲稿，然后分开固定在讲台上，安迪就可以成功地演讲了。但是只有短短十分钟的时间，安迪都非常怀疑是否来得及，然而，安迪的助手并没有让安迪失望，他用迅捷的行动完成了一切，这让安迪感到十分地满意。

就这样，安迪成功地完成了自己在营销大会上的最后一次演讲，一切都像他计划中的那样进行着。而当安迪向大家介绍自己的妻子，并请她上台做个演讲时，伊娃显得非常吃惊，不过她仍然落落大方地完成了安迪为她准备的演讲。

看着妻子的表现，安迪为自己这样的安排而感到非常的满意，当安迪的演讲即将结束时，他隆重地为大家介绍了保罗·欧德宁，也就是英特尔新一代的总裁。

2005年5月18日，安迪正式从英特尔退休。他开始了对左旋多巴的服用。左旋多巴的效果非常明显，自从服用后，安迪走路稳当多了，而且在语言专家的指导下，安迪语言能力也恢复了许多。

更让安迪感到兴奋的是，在左旋多巴的作用下，安迪又能够再次享受滑雪的乐趣了，虽然时间很短，但是安迪已经非常满足了。

与其他病人有所不同的是，安迪的心情从来都没有随着病情的加重而变得低沉，他像曾经与前列腺癌做斗争那样，继续搜集着有关帕金森病的资料，同时也不断推测着各种治疗方法的可行性，安迪希望，自己能够像当初战胜前列腺癌那样在与帕金森病的争斗中也取得胜利。

6. 向新的事业发起进攻

从小时候开始，安迪就已经对医院非常熟悉了，他还记得自己因为猩红热而在医院居住的生活，记得常常"欺骗"自己的罗特巴特医生，也是从那个时候起，安迪就已经开始接触医疗事业了。

只不过安迪虽然对帮助自己解决病痛的医生们充满了感激，但是他并没有从事医疗事业的想法。后来，前列腺癌突然闯入了安迪的生活，而医生们并没有帮助安迪迅速地制定出行之有效的治疗方案，反而是安迪用自己的方法制服了这个死神的爪牙。

也是从那个时候开始，安迪对待医疗事业的态度就悄悄地发生了变化。安迪将自己与前列腺癌抗争的经过全都写了出来，然后在《财富》杂志上发表了，期待自己的这个举动能够帮助更多受前列腺癌折磨的病人摆脱痛苦。

不仅如此，当安迪得知加州大学旧金山分校邀请他对募捐活动进行主持时，他立刻就答应了。后来，负责这次募捐活动的分校校长迈克尔·J·比绍普与安迪笑谈时，说道："我知道您和医院的专家们有着非常密切的关系，但是想到您那无与伦比的影响力，还是有些担心您不会答应我们的邀请呢。"

安迪也笑着回答："能够参加这样充满爱心的募捐活动，也是我的荣幸啊。"除了安迪以外，雅虎的一位董事亚特·肯恩也参加了这次募捐活动。

虽然比绍普知道安迪在商界有着非同凡响的号召力，但是当募捐活动结束后，他才认识到，自己仍然低估了安迪所带来的影响。原本由于这次募捐活动的目标是14亿美元，比绍普认为会用很长时间，令他没想到的是，这个目标没多久就实现了，比设想的期限少用了一年半的时间。

比绍普明白，这次目标能够如此迅速地完成，安迪功不可没。更重要的是，借着这次的活动，在加州大学旧金山分校与硅谷之间成功地架起了沟通的桥梁，而促成这个伟大壮举的正是在商界有着巨大影响力，同时又对医疗事业有了兴趣的安迪。

同时，安迪在这次活动中所展现出来的组织能力也让比绍普校长叹为观止。他感叹说："安迪总是能够保持清醒的头脑，迅速根据已有的事实做出最正确的判断，并且不会因为一时的成功而得意，不得不承认他的身上有着我最钦佩的品质。"

除此之外，安迪也加入了美国前列腺肿瘤治愈协会，并在其中担任董事的职位。该协会由迈克·米尔根创办，在2002年的时候更改名字，成了前列腺癌症基金会。迈克·米尔根是一位著名的投资人，曾经因为牵扯到一宗商业犯罪案而服刑三年。

迈克·米尔根出狱后不久，在一次体检中被告知得了前列腺癌，也就是从那个时候开始，创办了与前列腺癌做斗争的前列腺肿瘤治愈基金会。

因为有着丰富的管理经验，所以当安迪加入到这个基金会之后发现，基金会的管理与运作非常不完善，整个基金会的风格更像是一家投资公司。随即，安迪又发现该基金会确实是为了治疗前列腺癌而全力努力着，并且已经在这一领域有了相当大的影响力。

受前列腺癌症基金会的启发，当安迪被告知患有帕金森病时，他也成立了一家基金会——动力学基金会。安迪认为，现在之所以无法完全治愈帕金森病，主要还是因为大家对这种病的了解不够多，从而在心中对它畏惧如虎，在无形中打击了自己的信心。

安迪相信，只要努力去寻找有关病症的信息，就一定能够从中分析出有效的治疗方案，就像自己在面对前列腺癌时所做的一样，最终成功地克服疾病。安迪所表现出来的乐观与信心，让每一个参与到动力学基金会的成员都倍受鼓舞。

动力学基金会不仅向那些研究帕金森病的机构进行资助，同时他们自己也不断尝试着研究新的治疗方法。大家都在心中用安迪的话鼓舞着自己"绝对不能在挑战来临之前就自行放弃，只要尝试，就一定能够找出解决的方法。"

其实，早在这之前，安迪就已经拥有了一个基金会——格鲁夫基金会。这个基金会是安迪在伊娃的提议下建立的。不过，那个时候的安迪每天都有大量的工作需要忙，没有精力和时间去打理。因此，在基金会成立后的很长一段时间内，不仅没有明确的办公地点，就连成员也只有安迪、伊娃和他们的两个女儿四个人。

随着安迪逐渐从英特尔繁忙的工作中抽出身来，他也开始将自己的一部分精力放到格鲁夫基金会上。他不仅为基金会找了一间固定、舒适的办公地点，还找了一位专业人士——贝卡·萨尔·巴特勒作为基金会的总经理，全面负责基金会的运作。

当贝卡·萨尔·巴特勒与安迪夫妇谈及基金会的主要宗旨时，安迪夫妇指出，一切以帮助别人实现"美国梦"为目标，同时，安迪也提出，向曾经给予自己帮助的组织与机构提供帮助抑或捐赠，比如国际救援委员会、纽约市立大学等机构。

安迪还要求，基金会一定要对每一笔资金的去向都了若指掌，同时必须监督资助单位是否达到了基金会预期的效果与目标。如果基金会发现资助单位不能达到自己所预期的目标，就应当终止合作，停止资助。

除此之外，安迪夫妇还为基金会设立了一个名为"职业培训"的项目，主要是帮助那些从学校中走出、即将走上社会的学生，帮助他们掌握更多自己以后工作需要的技能，从而让更多的学生能够顺利找到工作，享受生活。

安迪的生活仍在继续，他密切关注着各方面的改革与变动，督促着基金会做出最有利的资助活动，为那些急需帮助的人们打开方便之门。同时，安迪与帕金森病的战斗仍在继续，他依旧用着自己乐观、自信的态度应对着来自帕金森病的每一次挑衅。

安迪一直坚信，只要生命还没有停止，那么就不应当放弃斗争，因为放弃才是最大的失败。

迎着缓缓升起的朝阳，安迪又开始了新一天的锻炼、新一天的斗争！

附

录

安迪·格鲁夫生平

安迪·格鲁夫在匈牙利首都布达佩斯出生，父母都是犹太人。父亲与朋友共同经营着一家乳制品厂，他的收入就是家中主要的经济来源。由于安迪的父亲擅长交际与经商，因此，他们一家人过着衣食无忧的生活。

当安迪5岁的时候，1941年战争爆发了，安迪父亲被迫入伍，虽然在出发之前，他告诉安迪，自己只是参加劳动大队，不会有危险。但是，没过多久，安迪与母亲就收到了他失踪的消息。而后，安迪与母亲也开始了东躲西藏的生活。

1945年战争结束后，安迪一家几经波折终于再次团聚，生活又恢复了平静，而安迪也再次开始了自己的学习生涯。在经过一番比较之后，安迪发现自己对化学的兴趣越来越浓。

1957年1月7日，安迪来到美国。为了能够早日成为一名出色的化学工程师，安迪选择了纽约市立大学，在这里开始了自己有关专业技能的系统学习。后来，安迪凭借着出色的毕业论文一举出名，获得了仙童公司与贝尔实验室的共同邀请，最终，他选择了仙童公司。而在仙童公司，他遇到了对自己影响深远的诺伊斯与摩尔。

几年后，安迪与诺伊斯、摩尔一起从仙童公司辞职，创办了英特尔公司。为了适应公司发展的需要，安迪竭力从一名技术工程师的角色向企业管理者的角色过渡，很幸运，他成功了。多年以后，他将自己的经验整理成一本书《格鲁夫给经理人的第一课》，帮助无数迷茫者找到了方向。

　　后来，他成了英特尔的首席运营官，随即又接任了英特尔公司总裁的职位，之后又登上了英特尔董事长的宝座。

安迪·格鲁夫年表

1936年9月2日，出生于匈牙利布达佩斯。

1944-1945年，战争爆发期间，停止了学习，东躲西藏。

1947年9月，进入埃翁盖利克斯大学预科学校。

1949年，就读多波大街学校。

1956年，离开匈牙利。

1957年，到达美国，进入到纽约市立大学。

1958年，与伊娃结婚。

1960年，定居加利福尼亚，同时在加利福尼亚伯克利分校读研究生。

1962年，将父母接到美国，一家团圆。

1968年，离开仙童公司，与诺伊斯、摩尔一起创办了英特尔公司。

1974年，担任英特尔公司执行副总裁。

1979年，担任英特尔公司总裁兼首席运营官。

1985年，决定让英特尔公司放弃存储业务。

1987年，任英特尔公司总裁兼首席执行官。

1997年，任英特尔公司董事会主席兼首席执行官，当选《时代》周刊年度世界风云人物。

1998年，任英特尔公司董事会主席。

2000年，获得哈佛大学法学荣誉博士。

2001年，获得战略管理协会"终身成就奖"。

2005年5月18日，从英特尔公司退休。